文旅融合助力乡村振兴

理论与实践探索

田好◎著

中国商业出版社

图书在版编目（CIP）数据

文旅融合助力乡村振兴 ： 理论与实践探索 / 田好著 .
北京 ： 中国商业出版社， 2025. 7. -- ISBN 978-7-5208-3535-0

Ⅰ. F592.3

中国国家版本馆 CIP 数据核字第2025ZF9158号

责任编辑：葛　伟

中国商业出版社出版发行

（www.zgsycb.com　100053　北京广安门内报国寺1号）

总编室：010-63180647　编辑室：010-83118925

发行部：010-83120835/8286

新华书店经销

北京市金木堂数码科技有限公司印刷

*

880毫米×1230毫米　16开　13.25印张　185千字

2025年7月第1版　2025年7月第1次印刷

定价：60.00元

* * * *

序

PREFACE

乡村振兴是实现中华民族伟大复兴的一项重大任务，亦是推进中国式现代化的重要组成部分。在城乡融合发展的历史进程中，如何有效激活乡村内生动力、重塑其价值体系、实现高质量发展，已成为关乎国计民生的核心议题。作为长期深耕西南地区乡村发展研究的学者，我深切认同乡村振兴绝非单一维度的经济提升，而是一场涉及文化根脉赓续、生态基底维系与产业动能转型的系统性变革。其中，文化与旅游的深度融合，凭借其独特的资源整合能力、产业联动效应与社会治理赋能价值，正日益成为撬动这一变革的关键杠杆。对于贵州这类多民族聚居、生态资源富集的区域，其战略意义尤为凸显。

遵义市委党校田好同志所著《文旅融合助力乡村振兴：理论与实践探索》一书，立足我国乡村发展现实，以系统性的理论构建以及丰富的实证案例，深入剖析了文旅融合赋能乡村振兴的内在机理、实践路径与发展趋势。作者长期专注乡村发展研究领域，本书不仅系统梳理了乡村振兴战略的政策脉络与核心要义，更从产业融合理论、可持续发展观、体验经济等多维视角，构建了文旅融合驱动乡村发展的理论支撑体系。其显著价值在于：以扎实的理论框架为基底，将产业融合、可持续发展等前沿理论与我国乡村的多样实践深度结合。本书通过对古镇型、山区型、少数民族聚集型等不同类型乡村的典型案例剖析，生动揭示了文旅融合在地化实践的丰富性与差异性。这些实践有力证明：乡村的核心价值不仅在于其“绿水青山”的生态禀赋，更在于承载“乡愁记忆”的独特文化基因。同时，作者通过对比长三角地区、中部地区、西部地区，精准提炼出资源驱动、政策引导、科技赋能、社区参与等多元融合路径，并对当前存在的资源整合低效、基础设施滞后、文化内涵挖掘不足、专业人才短缺等现实挑战提出了兼具前瞻性与操作性的对策建议，为实践提供了可资借鉴的范本。

文旅融合的深层价值远超经济范畴。它既是对乡村文化根脉的唤醒与传承，也是对其生态价值的彰显与转化，更是对乡村治理体系现代化与社区凝聚力提升的有力推手。本书阐述的民族地区文旅融合，切中多民族聚居区发展的核心关切。贵州拥有 17 个世居少数民族，其丰富的节庆文化、传统技艺、建筑风貌，既是宝贵的文化遗产，又是文旅融合的核心资源。如何规避开发中的“同质化”与“过度商业化”陷阱？如何切实保障少数民族群众在文化传承中获益？对此，本书提出的“文化赋能、生态保护、社区参与”三位一体协同发展框架，为破解这些难题提供了极具价值的思路。贵州“村超”“村ＢＡ”“村Ｔ”现象、浙江“千万工程”的持续深化、袁家村的产业创新奇迹等无不印证：当文化之“魂”深度融入旅游之“体”，便能激发出乡村前所未有的内生动力与持久魅力。其本质是以人民为中心的发展过程，核心在于保障农民主体地位与共享发展成果，最终实现产业兴旺、生态宜居、乡风文明、治理有效、生活富裕的协同共进。

当前，我国乡村文旅融合正经历从规模扩张向质量提升、从同质竞争向特色塑造、从景点旅游向全域体验的关键转型。作者以其敏锐的学术视角，捕捉并深入探讨了智慧旅游平台建设、数字化内容创作、大数据精准服务等前沿领域，并对生态保护与可持续发展的平衡机制、专业人才培养与智力支撑体系的构建提出了深刻见解，为乡村文旅的高质量发展指明了方向。当前，我国乡村振兴已迈入“产业升级、文化铸魂、生态筑基”的新阶段，文旅融合作为连接城乡要素、激活乡村潜能的重要纽带，其战略地位越发凸显。

本书的出版，不仅可为政策制定者、乡村建设者与文旅从业者提供极具价值的理论参照与实践指南，更能为学术界深化乡村振兴与文旅融合研究贡献新的思想维度。其核心价值在于：超越简单的经验总结，将生动的实践升华为可复制、可推广的理论模式与发展路径，并始终将“人”的全面发展置于乡村振兴奋进图景的中心。无论是致力于乡村振兴的工作者、文旅产业的实践者，抑或关注乡村命运的思考者，都能从中获得深刻启迪。相信本书的洞见与智慧，必将激励更多同人投身于这场伟大的乡村变革实践，共同书写农业强、农村美、农民富的时代新篇章。

王兴骥

贵州省社会科学院二级研究员，中国区域经济协会副会长

2025 年 7 月 20 日于遵义

目 录

CONTENTS

第一章

乡村振兴战略下的文旅融合：时代使命与发展逻辑

一、乡村振兴与文旅融合协同发展的时代意义

乡村振兴战略是在新时代发展要求下，破解城乡发展不平衡问题的关键举措，它根植于我国经济社会发展转型的深层需求与历史使命，是新时代“三农”工作的总抓手。

自2017年党的十九大首次将乡村振兴提升至国家战略高度以来，2025年中央一号文件进一步要求学习运用“千万工程”经验（《中共中央、国务院关于进一步深化农村改革扎实推进乡村全面振兴的意见》），推动乡村全面振兴政策落地。

这一战略经历了从顶层设计到具体实践的深化过程，在“十四五”规划中被进一步明确为全局性的系统工程，其核心目标是实现农业农村现代化，重塑城乡关系，推动共同富裕。2022年，党的二十大进一步强调要全面推进乡村振兴。全面建设社会主义现代化国家，最艰巨最繁重的任务仍然在农村。当前，我国城乡发展仍存在显著差距，2024年农村居民人均可支配收入仅为城镇居民的40%，农村地区基础设施、公共服务、产业发展等方面的发展短板仍然明显。在此背景下，乡村振兴不仅是经济议题，更是关乎社会公平、文化传承与生态可持续发展的重大命题。

与此同时，全球文旅产业正处于从单一观光旅游向“文化＋旅游＋产业”

复合模式的转型当中。国际经验表明，文旅融合能够依靠文化赋能提升旅游附加值。例如，日本“越后妻有大地艺术祭”就将艺术与乡村景观相结合，成功激活偏远地区的经济活力。在国内，随着消费升级，游客需求从以“看风景”为主逐渐转为以“品文化”为主，乡村旅游正在逐步成为承载乡愁记忆、满足生态休闲需求的重要载体。2024 年春节期间，热门城市乡村民宿预订量同比增长 271%，印证了市场对深度文化体验的强烈需求。文旅融合的趋势与乡村振兴战略天然契合，不仅能够盘活乡村闲置资源，还能通过产业链延伸带动农民增收，成为破解乡村产业单一化、空心化问题的“新引擎”。

乡村振兴与文旅融合的协同性,在多地实践中已得到充分验证。以浙江“千万工程”为例，其通过环境整治、文化挖掘与产业升级，将普通村庄转变为“网红打卡地”，因此，2024 年浙江乡村旅游收入实现巨大突破。贵州“村超”则展示了体育文化与旅游的跨界融合：通过足球赛事吸引数百万游客，带动餐饮、住宿及农产品销售，实现“一场球赛激活一座城”的奇迹。贵州通过社群经济带动乡村消费，2024 年吸引游客超过 1700 万人次，实现旅游综合收入 190 亿元。这些案例表明，文旅融合不仅是经济手段，更是文化认同重构的过程。更有云南昆明民族村通过“非遗 + 旅游”模式，将民族文化融入民宿体验与节庆活动，既保护了传统技艺，又使村民增收，实现了文化传承与经济发展的双赢。

政策层面的持续支持进一步强化了这一协同效应。2025 年中央一号文件提出推进乡村文化和旅游深度融合，并启动文化产业赋能乡村振兴试点，鼓励各地探索“庭院经济”“民宿经济”等新业态。例如，江苏宿迁宿城区通过“龙头企业 + 基地 + 农户”的经营模式，带动村民就业，村集体经济每年增收超过 150 万元，成为乡村文旅融合的典范。这一类政策与实践的互动，不仅为乡村供给了资本与技术，更通过品牌塑造提升了乡村的知名度和竞争力。

然而，文旅融合赋能乡村振兴仍面临挑战。乡村资源的碎片化导致文化、生态和产业资源难以高效整合，而同质化竞争造成的“千村一面”现象也较为突出，拥有个性化旅游特色的乡村相对较少。基础设施建设滞后也会影响游客的旅游体验，网络覆盖、厕所改造不足等仍然是制约乡村旅游发展与推广的重要因素。人才短缺同样会影响乡村旅游产业，专业运营团队的缺乏将降低旅游项目的可持续性。同时，过度商业化的侵蚀可能会破坏乡村文化的本真，导致乡村丧失本土特色。这些都需要在政策设计、资源统筹与技术创新中寻求平衡。

综上，乡村振兴与文旅融合的协同发展是国家战略的必然选择，其意义不仅在于创造经济价值，更在于通过促进城乡要素互通，转化生态价值，激活乡村发展潜力，实现文化自信重构，为中国式现代化提供一条乡村振兴道路。

二、乡村振兴战略总要求的内涵与内在联系

乡村振兴战略作为新时代“三农”工作总抓手,其核心在于实现“产业兴旺、生态宜居、乡风文明、治理有效、生活富裕”的总要求。这不仅是顶层设计的理论结晶,更是实践探索的行动指南。从政策演进看,《乡村振兴战略规划（2018—2022 年）》首次系统提出了乡村振兴总要求，并在《中华人民共和国乡村振兴促进法》中进一步法定化，明确了乡村振兴的多元目标与实施路径。

产业兴旺是乡村振兴的经济基础，也是乡村振兴的首要任务，其核心在于推动农业从单一生产向三产融合升级。根据农业农村部发布的《全国乡村产业发展规划》，农业与旅游、文化、康养等产业的融合已成为趋势。山东省寿光市以菜为媒，将标准化大棚与农业研学旅游结合，举办菜博会，搭建研学平台，吸引游客参观，吸引周边农户前来学习取经，带动了当地经济发展。这种转型不仅破解了传统农业附加值低的困境,还通过产业链延伸创造了就业机会,助力农民增收。

生态宜居强调绿色发展理念下的人居环境改善与生态价值转化。《“十四五”推进农业农村现代化规划》中明确提出要建设宜居宜业乡村，同时要加强农村生态文明建设，要求健全草原森林河流湖泊休养生息制度。以福建省南平市为例，其通过“生态银行”机制，将分散的林地、茶园等资源整合为可交易的生态资产，引入社会资本开发项目，实现生态产品价值转化。此类实践表明，生态保护与经

济发展的协同并非零和博弈，而是能够通过制度创新实现合作共赢局面。

乡风文明则聚焦传统文化传承与现代治理的平衡。《中华优秀传统文化传承发展工程“十四五”重点项目规划》提出实施农耕文化传承保护工程，强调以文化认同凝聚乡村振兴内生动力。在陕西省袁家村，当地相关部门通过复原传统关中民俗、重建祠堂与书院，不仅保留了乡村文化根脉，还以“民俗体验游”吸引游客参与体验当地特色，使村集体年旅游收入突破 10 亿元。这表明了文化资源在乡村振兴中具有双重价值，它既是对历史记忆的守护，也是现代文旅经济的核心竞争力。

治理有效的关键，在党建引领下构建多元主体协同的乡村治理体系。要构建这一体系，首先需在县域内破除城乡二元结构（《乡村全面振兴规划（2024—2027 年）》），而后通过土地、资金、人才等要素流动推动城乡融合，如江苏苏州“田园综合体”实践等；还要通过集体经营性建设用地入股文旅项目、建立县域客货邮融合流通体系、完善农业转移人口市民化配套政策，实现城乡产业与公共服务一体化发展。根据民政部《关于加强基层治理体系和治理能力现代化建设的意见》，党建引领、村民自治与创新模式的结合成为基层治理新方向。浙江省象山县首创的“村民说事”制度，通过定期议事会解决村庄规划、产业分配等问题，大大提升了村民参与决策的比例，同时提高了矛盾调解成功率，为建设和谐稳定的基层社会提供了保障。此类模式不仅提高了治理效率，还通过赋权增强了农民的主体意识，为乡村振兴注入了持久活力。

生活富裕的目标，是实现多渠道增收与公共服务均等化。国家统计局数据显示，2023 年农村居民人均可支配收入达 2.1 万元，但城乡收入差距仍为 2.39 ：1。为此，《中华人民共和国乡村振兴促进法》提出，推动公共教育、医疗卫生等资源向乡村倾斜。例如，广东省佛山市顺德区通过“村改”整合土地资源，在发展产业的同时，配套发展普惠幼儿园等公共事业，使农民在“家门口”就能享受城市化服务。这一模式表明，生活富裕不仅是经济指标的提升，更是公共服务与社会公平的全面跃升。

在区域布局上，乡村振兴战略注重因地制宜的差异化路径，如东部地区依托经济优势,探索城乡融合的“共生模式”。江苏省苏州市通过“田园综合体”建设，将现代农业园区与城市休闲功能无缝衔接，成功缩小城乡收入差距。中西部地区则立足资源禀赋，挖掘后发潜力。甘肃省陇南市依托电商扶贫政策，将花椒、橄榄油等特产通过直播带货销往全国，2024 年陇南“甘味”农产品销售额突破 40 亿元，带动大量脱贫人口稳定就业。

实践表明，在全面建设社会主义现代化国家的新征程中，乡村振兴战略是国家发展战略中的重中之重，而其五大要求除了各自丰富的内涵外，相互之间也存在着紧密联系，共同构成了相互依存、动态演进的有机整体。具体而言，产业兴旺能够为生态宜居提供物质基础，生态宜居则能够为产业发展升级持续注入动能，通过发展种植园经济，不仅提高当地居民的收入水平，而且对于生态环境保护也大有益处；而乡风文明为治理有效提供价值引领，治理有效则可以为文化传承创造制度环境，建立在村民共同习惯认同基础上的村规民约，使乡村治理更加井然有序，也更有利于传承优秀传统文化；生活富裕既是乡村振兴的终极目标，也是持续发展的动力源。乡村振兴的目标是实现农业农村现代化和促进共同富裕，这一目标的存在将为乡村振兴注入强大的动力，实现公共服务均等化，提高农村居民幸福感。

总的来看，乡村振兴战略的总要求与区域差异化实践，既体现了顶层设计的系统性，又尊重了地方创新的多样性。通过产业融合、生态转化、文化赋能、治理优化与民生改善的协同推进，乡村振兴正从政策蓝图转化为生动实践，为中国式农业农村现代化提供了可复制、可推广的方案。

三、文旅融合在乡村振兴中的角色与潜力

如前所述，乡村振兴战略是新时代推动农村经济社会全面发展的重要举措，而在这一战略的实施中，文旅融合扮演着重要角色，成为农村经济发展的新引擎。实践证明，文旅融合不仅是乡村经济转型升级的重要途径，更是推动实现城乡协

调发展的有效手段。文化赋能发展乡村旅游业，能够有效促进农村经济、社会、文化和生态等多方面发展。

我国地大物博，农村地区具有丰富的自然资源、深厚的文化底蕴和独特的民俗风情，这些都是可供挖掘的旅游资源，而文化旅游的发展恰好能够充分挖掘并放大利用这些优势资源，使其成为经济增长的有力推手。具体而言，发展乡村旅游、文化创意产业、非物质文化遗产传承等，都可以有效优化农村产业结构，改变过去以第一产业为主的模式，拓宽农民增收渠道，为农村发展注入新活力。

党的二十大报告提出推进文化和旅游深度融合发展。从经济维度看，文旅融合能够促进农村经济的多元化发展。传统的农村经济模式以农业为主，但农业作为第一产业，能够创造的收入相对有限，且容易受到市场和气候变化的影响，如果仅将农业生产作为收入来源，农民生活水平较难提高。而文旅融合能够发展农家乐、生态旅游、文化体验等业态，有效延长农业生产链，提高农业附加值。2023 年，云南省乡村旅游接待游客 5.01 亿人次，4340 个有旅游接待的行政村人均可支配收入达 18534 元，带动当地经济焕发出蓬勃生机。此外，文旅融合也有助于促进农村劳动力就地转移。通过发展乡村旅游，在农村地区创造大量就业机会，可使农村地区居民能够在家门口创收，减少农村劳动力流失，促进农村社会的稳定发展。

传承优秀传统文化与重塑社会凝聚力，是文旅融合的另一个重要功能。乡村文化是中华文化的重要组成部分，其中蕴含着许多能够在新时代重现生机的优秀内容；然而，随着城镇化的推进，许多乡村文化资源逐渐被忽视甚至濒临消失。由此，文旅融合不仅能够驱动当地经济发展，还能够保护和传承优秀文化。一方面，文旅融合能够激活乡村文化的生命力，通过非遗体验、传统村落保护等来打造旅游品牌，形成品牌效应，保护与活化农村文化；另一方面，文旅融合能够提升乡村文化自信，进而为“四个自信”的实现注入力量。在文化旅游、传统技艺表演等独特项目的发展过程中，农村居民能够更加深刻地认识和理解自己所在地区的文化具有重要的价值，这也将促使他们将乡村文化推广到更广阔的市场，增强文化认同感和自豪感。大量“非物质文化遗产村”的出现以及非物质文化遗产文化的“枯木逢春”，都证明文旅融合是乡村文化传承与发展必不可少的动力。

除了经济和文化方面外，文旅融合也在推动乡村社会整体进步方面发挥着不容忽视的重要作用。乡村旅游的蓬勃发展，能够带动基础设施建设的升级，道路、供水、网络等公共设施都能够得到完善，农村居民的生活质量也因此提高。同时，文旅融合还能够促进乡村治理现代化。乡村旅游涉及的利益相关方复杂多样，通常涉及政府、企业、村民等各利益相关方。通过设计和运营乡村旅游项目，这些利益相关方通常能够达成合作，探索出更加高效的乡村治理模式。

在生态环境层面，文旅融合也成为平衡保护环境与经济发展的重要载体。乡村振兴与生态环境保护密切相关，良好的生态环境会成为乡村旅游的重要资源，这就要求文旅融合在促进旅游产业发展的同时，也必须重视生态环境的保护，以实现乡村旅游的可持续发展。一方面，文旅融合能够推动乡村绿色发展，通过经济发展提高对良好环境的要求，进一步以优美环境吸引新的消费力量，形成良性循环。另一方面，当地居民能够从乡村旅游的发展中，意识到经济发展和环境保护之间的密切联系，提升农村地区居民的生态环保意识，培养可持续发展理念，促进乡村生态文明建设。

总体而言，文旅融合在乡村振兴中的角色至关重要，不仅能够拉动乡村经济发展，促进农民增收，而且有助于乡村优秀文化的复兴与传承，提升农村地区社会的综合治理水平，并实现可持续发展。然而，我们也不能忽视文旅融合在实践当中存在的问题。各地应当努力挖掘当地文化特色资源，与旅游产业发展相结合，形成特色旅游文化产业链，避免同质化，推动乡村旅游向更高质量发展，努力实现乡村振兴目标。

第二章

农村文旅融合发展的理论基础

一、相关概念界定

（一）乡村振兴战略的内涵与核心要素

1. 乡村振兴战略的政策发展路径

乡村振兴战略的提出，根植于中国经济社会发展转型的深层需求与历史使命，是党在新时代对“三农”问题的系统性回应。自 2017 年党的十九大首次将乡村振兴提升至国家战略高度以来，这一战略经历了从顶层设计到具体实践的深化过程。

政策演进的核心脉络可概括为三个阶段，分别是战略框架构建期、法治化与实践期、高质量发展与创新深化期。

2017—2020 年是战略框架构建期。党的十九大报告明确提出“产业兴旺、生态宜居、乡风文明、治理有效、生活富裕”的总体要求，首次将乡村振兴提升至国家战略高度，并将其作为解决新时代社会主要矛盾、实现“两个一百年”奋斗目标的关键举措。这一战略的诞生，既是对长期以来城乡发展失衡问题的回应，也是中国特色社会主义进入新时代后对“三农”工作的全面升级。2018 年中央一号文件《中共中央、国务院关于实施乡村振兴战略的意见》进一步细化五大振兴目标，强调“农业农村优先发展”的总方针，并发布《国家乡村振兴战略规划

（2018—2022年）》，系统规划了乡村振兴的时间和路线，提出力争到2035年实现“乡村全面振兴取得决定性进展，农业农村现代化基本实现”的远景目标。

2021—2023年是法治化与实践期。2021年《中华人民共和国乡村振兴促进法》的颁布实施，以法律形式明确了各级政府责任，强化了政策执行的刚性约束。同年，《“十四五”推进农业农村现代化规划》对“十四五”期间的乡村振兴工作作出细致规划，并明确到2025年，农业基础更加稳固，乡村振兴战略全面推进，农业农村现代化取得重要进展，推动政策从框架构建转向具体落地。2022年，党的二十大进一步强调要全面推进乡村振兴，完成全面建设社会主义现代化国家最艰巨而繁重的任务。这表明乡村振兴与新型城镇化已成为国家现代化的两大支柱。

2024年至今，乡村振兴已进入高质量发展与创新深化期。党的二十届三中全会提出，城乡融合发展是中国式现代化的必然要求，必须促进城乡共同繁荣发展。2024年7月，国务院印发《深入实施以人为本的新型城镇化战略五年行动计划》（以下简称《计划》），提出要实施“新一轮农业转移人口市民化行动”，旨在通过城乡要素流动，实现农业转移人口落户，从而破解城乡二元结构。此外，《计划》提出要实施潜力地区城镇化水平提升行动，努力提高城镇化水平。同时，各地试点“城乡综合体”等创新模式，如南京龙尚村通过危旧农房改造激活文旅产业、庐江汤池项目以现代农业园区带动城乡融合等，为乡村振兴提供了新思路。

这一系列政策演进背后的深层动因，是仍然存在的城乡失衡现象。国家统计局数据显示，2024年城乡居民收入差距仍达2.34 ∶ 1，凸显出乡村发展存在的滞后问题。经济转型需求也推动乡村振兴成为“双循环”战略下扩大内需的重要手段。乡村蕴含的生态与文化资源在充分激活的情况下，将在很大程度上拉动经济增长。浙江安吉通过“两山”理论的生动实践，将生态优势转化为经济优势，2022年乡村旅游收入近400亿元；贵州“村超”赛事则通过社群经济带动乡村消费，截至2024年吸引游客超1700万人次，实现旅游综合收入190亿元。这些生动实例都能够充分印证乡村振兴不仅是政策命题上的变化，更是发展逻辑所发生的深刻转变。

2. 乡村振兴战略的内涵

乡村振兴的最终目标是实现农业农村现代化，这也是我国实现社会主义现代化目标的题中应有之义。这不仅是一个政策命题，更是一个动态的发展过程。要实现乡村振兴，就必须坚持“产业兴旺、生态宜居、乡风文明、治理有效、生活富裕”的总要求。这就要求我们深刻把握和理解这五大要求的内涵，从而更好地从各方面入手，实现乡村振兴的总目标。

（1）产业兴旺。乡村振兴的核心在于产业兴旺，这是乡村经济繁荣发展的决定性因素，其通过建设农村地区新业态，创造“三农”高质量发展的农村环境，促进各类生产要素的重组优化，以充分利用各类生产要素来提高农业生产效益，保护国家的粮食安全，促进农业产业的繁荣。产业兴旺具有丰富的内涵，涵盖了农业产业的现代化转型、多元化发展以及产业融合。在农业产业的现代化转型方面，产业兴旺的基本要求可以体现为引入传感设施、温室大棚等先进的农业生产技术和设备，既能够提高农业生产效率，也能够提高农产品的产出质量，进一步推动农业供给侧结构性改革；同时，也能够缩小农业与其他产业间的生产效率差距。农业产业的多元化发展则是指传统种植业和养殖业之外，发展农产品加工业、农村服务业旅游业等，以农产品深加工的方式提高农产品附加值；再通过休闲旅游、电商服务等方式延长农产品产业链，创造更多的创收环节，增加农村地区居民收入来源。在实现农村产业多元化的基础上，我们还需要进一步推进多元化产业高质量融合，实现一二三产业之间相互协调与共同发展，形成更加完整的农业产业链和供应链，推动农村产业结构的优化调整，促进城乡之间的融合发展。

产业兴旺对于实现乡村振兴的决定性作用，在其他方面也有突出表现。一方面，产业兴旺的基础要求能够促进城乡间要素流动，其中主要是促使城市的资源和技术向农村地区流入，从而促进农村地区生产能力的提升；进而激发并提高农村经济发展活力，缩小城乡间经济差距，实现城乡之间的协调发展。另一方面，在产业兴旺的发展需求之下，农村产业将持续提升产业发展的科技化水平，运用大数据等技术手段进行市场分析预测、利用物联网技术精准监测和精细管理农业生产过程，提升农业生产的智能化水平，提高农产品产量和质量，加快农村产业的转型升级。

（2）生态宜居。生态宜居是乡村振兴的重要目标，也是构建生态文明新格局的重要内容，其并非将“生态”和“宜居”简单结合起来，而是多层次融合，重在保护农村地区的生态环境以及改善农村人居条件，建立健全生态保护长效机制，以实现生态可持续发展。创造良好的生态环境、实现人与自然和谐共生，实现生态宜居的发展要求，是乡村振兴的生态基础，也是“三农”可持续发展的基本需求。在生态环境保护方面，需要加强保护和管理森林、河流、湿地等自然资源，防止对生态系统的过度开发及破坏；发展绿色有机农业，采取并推广绿色生产方式来减少化肥农药的使用，控制农业源头污染；加强农村环境治理，有效处理生活垃圾，优化污水治理、养殖污染处理方式，多方面改善农村卫生状况。人居环境条件的改善是以人为本的体现，也是乡村振兴战略中必须实现的目标。要实现这一目标，必须完善农村基础设施建设以及提升公共服务水平。在基础设施建设方面，要求完善农村道路、水电、网络等基础设施，实现村村通公路，使农村居民出行更加便捷，满足农民生产生活的需求，推动“厕所革命”和化粪池改造，提高农村居民生活的舒适度；在公共服务方面，加强学校、医疗卫生机构等公共服务机构的建设，改善教学、医疗条件，提高教育和医疗服务水平，让农村地区居民能够享受到与城市居民同等的公共服务，提升农村居民的生活品质，促进公共服务均等化。生态宜居的实现，不仅能够为农村地区居民创造优美的生产生活环境，还能够将农村丰富的生态资源转化为生产资源，实现保护环境和发展经济的双赢。

（3）乡风文明。乡风文明是乡村振兴的精神内核，也是乡村振兴的灵魂所在，能够体现乡村的精神风貌和文化内涵，对于营造文明和谐的乡村氛围发挥关键作用。乡风文明建设的重点，在于传承并弘扬优秀传统文化以及培育、践行社会主义核心价值观。农村地区往往蕴含着民俗文化、传统手工艺、历史建筑等丰富的传统文化资源，这些都是乡村文化的瑰宝，需要我们传承并发扬。举办民俗文化活动、传承传统手工艺、保护历史建筑等传承和弘扬优秀传统文化的活动，都能够增强农村居民的文化认同感和归属感，进而鼓励农村居民在家门口创业创收，减少农村地区的劳动力流失，同时也让优秀传统文化在乡村得以延续和发展。培育和践行社会主义核心价值观是乡风文明建设的重要内容。社会主义核心价值观涵盖国家、社会和个人三个层面的价值准则，能为农村地区居民的生产生活提供正确的价值导向。在农村地区开展社会主义核心价值观宣传教育活动，设立宣传栏和文化墙、组织开展文艺演出等，能够通过文化浸润潜移默化地让社会主义核心价值观深入人心；配合举行文明家庭、道德模范等评选活动，来引导农村地区居民遵守社会公德、职业道德和家庭美德，从而倡导尊老爱幼、邻里和睦、诚实守信等文明新风尚；同时，进一步加强农村思想道德建设，提高乡村居民的道德素质，营造良好的道德氛围。乡风文明不仅是乡村振兴在文化方面的要求，而且能够对政治经济的发展产生正面影响，推动形成社会发展的有机系统，促进社会和谐进步。乡风文明的建设，一方面能够满足农村地区居民的精神文化需求，另一方面有利于提升农村居民文化水平，提高农村地区的人力资源素质，为乡村振兴战略目标的实现奠定文化基础，积累人才资本。

（4）治理有效。治理有效是乡村振兴的重要制度保障，对农村地区社会的稳定和发展至关重要。实现治理有效的关键，在于建立和完善乡村治理体系，实现自治、法治、德治的有机结合，充分发挥多元社会治理主体的各自优势，建立基层党组织引领、多方共同参与的协同治理模式，形成强大的治理合力，构建乡村治理新格局。自治作为乡村治理的基础治理方式，要求发挥村委会等村民自治组织的作用，鼓励村民积极参与到村集体的事务决策、管理和监督当中去，实现村民的自我管理、自我教育和自我服务。同时要求完善相关的村民自治制度，建立完整的民主选举、民主决策、民主管理和民主监督制度及流程，使村民自治有良好的制度基础和保障，让村民成为乡村治理的主体。

在自治的基础上，法治为乡村治理提供了坚实的法律保障，加强在农村地区的法治宣传教育，让农村居民对基本法律有所了解和认知。特别是宣传跟农村日常生活密切相关的法律，如《中华人民共和国民法典》《中华人民共和国土地管理法》《中华人民共和国妇女权益保障法》《中华人民共和国未成年人保护法》等，增强农村居民的法治意识，让其能够知法、守法、用法。应推动相关法律法规的完善，除了由全国人大制定颁布的基本法律，相关的法规也应当由各地因地制宜配套制定，确保乡村治理有法可依；同时，相关部门也要加大执法力度，在有法可依的同时做到有法必依、执法必严，严厉打击农村地区的违法犯罪活动，营造良好的农村法治环境，保障农村社会的秩序稳定，为经济发展奠定社会基础。当地部门还应当提供法律咨询和法律援助等服务，切实解决农村居民在日常生产生活中可能遇到的法律问题，以具体案例的实践解决普及法律法规，提高农村居民的法治意识。

德治则在治理有效的要求中扮演着重要的补充角色。基于农村地区长期以来形成的习惯，从中提炼出符合社会主义核心价值观的道德要求，形成能够得到村民认可并遵守的村规民约，可以弘扬乡村传统美德，规范农村居民日常行为，预防矛盾纠纷的产生，在农村地区形成和谐文明的社会氛围。

（5）生活富裕。乡村振兴的根本目标是生活富裕,这是乡村振兴的根本导向，旨在实现农村社会的共同富裕，其以农民增收为关键任务，需要通过多种途径加以实现。应以产业发展带动提高农民收入水平，优化农村地区产业结构实现农业现代化转型，使农村经济实现稳定健康发展，为农民提供更多的就业机会和收入来源。当地部门和企业可以面向农村劳动力开展技能培训，一方面能够传播先进生产技术、优化农业生产方式，另一方面使农村居民掌握新的产业技能，在产业多元融合的发展背景下能够满足新兴产业的发展需求。同时，鼓励农村地区居民创业，特别是在旅游资源、文化资源丰富的农村地区，鼓励农民将原有第一产业的资源与二三产业结合起来,在家门口创造新的工作岗位,增加经营性收入。此外，通过发展农村电商拓宽销售渠道，让农产品通过互联网平台流入城市市场，吸引更多的政策或资源倾斜，逐步缩小城乡之间发展差距。

在促进农村地区居民创收增收的同时，还需要完善农村社会保障体系，保障农村居民基本生活并促进实现社会公平正义。具体而言，要求加大农村社会保障的投入并且扩大覆盖范围，完善农村地区养老保险和医疗保险制度，确保农村地区居民能够老有所养、病有所医。实现生活富裕不仅要实现农村地区的共同富裕，而且要在逐步缩小城乡发展差距的过程中，实现城乡居民收入的均衡，最终实现全体人民的共同富裕。脱贫攻坚战取得历史性成就后，仍然需要延续有益的发展经验，采取多种措施防止返贫，并保障原贫困地区的产业繁荣。

3. 乡村振兴战略的核心要素

乡村振兴战略是国家发展的全局性战略，其核心要素可以概括为五大振兴，即产业振兴、人才振兴、文化振兴、生态振兴、组织振兴。五大振兴相辅相成，为实现乡村全面振兴提供了着力点和发展方向。

（1）产业振兴。产业振兴是乡村全面振兴的基石，是核心中的核心。消除贫困、改善民生、逐步实现共同富裕，是社会主义的本质要求，这表明在脱贫攻坚战已经取得全面胜利基础上，进一步实现乡村振兴的目标。要确保不发生规模性返贫，就必须保障农民增收，而农民增收主要依靠发展农村支柱产业、实现产业融合。也就是说，只有实现产业振兴，才有可能顺利推进“三农”工作，实现乡村振兴。

农业现代化是产业振兴的关键，乡村振兴必须大力发展农业这一支柱性产业，以推动乡村经济增长、保障粮食安全并且提升农业竞争力。实现农业现代化要求提升农业生产效率。当前大部分地区农业生产已摆脱过去依赖大量人力与简单工具的方式，转为使用自动化播种机与大型拖拉机等机械化装置进行农业生产，实现了农业生产效率的极大提高。此外，随着农业种植和培育技术的发展，农作物种子品质得到大幅提升，存活率和产量都较过去有所提升，并且产出物更加多样，在保障粮食和其他农作物正常供应的基础上，也满足了市场的多元化需求。产业融合是推动乡村振兴的重要动力。在产业融合的过程中，农业、人力、土地等多种资源得到合理利用，实现了生产资源的优化配置，使产业的整体发展更加协调。要实现农业现代化转型和产业融合，则离不开新质生产力的赋能，必须强化科技支撑，推动数字经济与农村产业的融合发展，通过数字经济发展助推加速三产融合，利用大数据分析等新技术及时对市场供求变化作出精准反应，提供更符合市场需求的产品，从而提升产业竞争力。

（2）人才振兴。人才振兴是乡村振兴的关键，人才资源是实现乡村振兴的智力保障，在乡村发展中居于不可替代的重要地位，农村地区经济高质量发展和乡村振兴的最终实现都必须有充足的人才支撑。乡村振兴的各个方面都离不开人才的参与和推动。在产业发展方面，专业人才能够运用先进的生产技术和管理经验推动产业升级转型，用新科技、新方法提高农村产业竞争力，进而推动农村地区的经济发展。在生态保护方面，相关人才能够紧跟政策要求并结合农村地区实际情况，制订科学的生态保护规划并宣传绿色发展理念，加强农村生态环境治理，实现乡村生态的可持续发展。在文化传承方面，专业人才同样能发挥重要作用，特别是返乡大学生等人才了解当地文化传统且具有高度文化储备，能够精准深入挖掘农村地区传统文化资源，并根据文化资源的特征开发适宜的文化产业项目和宣传推广模式，如非物质文化遗产体验、自媒体宣传等就是很好的证明。在组织建设方面，人才的重要性不言而喻，具备管理知识和经验的人才进入农村治理队伍，将提升农村治理能力；特别是对于基层党组织建设和群众自治组织发展来说，这些人才的进入可以注入新的活力，优化农村地区基层治理的主体。

人才振兴需要采取一系列措施、制定一系列相关的政策来吸引、培养和留住更多的人才，以保证农村地区经济繁荣发展的人力资源基础能够得到夯实；在推动农村地区经济发展的同时，经济水平的提高又反过来为人才提供更好的发展环境，以此源源不断吸引各种人才进入农村地区助力乡村振兴。国家加大了对农村地区人才引进和培养的投入，为专门人才在农村地区的创业就业提供支持，部分地区还专项设立乡村振兴人才创业基金，为返乡创业人员提供资金支持，降低创业的启动门槛。同时，相关部门还发展了农村地区教育，特别是职业教育，培养熟悉本地区文化环境的职业化技术化人才，奠定乡村振兴的内生人才基础，减轻对外生人才的依赖。而对于引入的外生人才，则更应当建立健全人才激励机制，提高人才待遇和社会地位，在住房、医疗和子女教育等人才关心的方面提供优惠，吸引其扎根农村地区，让其没有后顾之忧。

（3）文化振兴。乡村振兴既要“塑形”，也要“铸魂”。文化振兴是乡村振兴的重要基石、乡村发展内生动力的重要源泉，在乡村振兴中具有不可替代的精神引领作用，保护、传承并发扬乡村优秀传统文化是乡村振兴的灵魂。当前我国农村地区文化建设相对落后、无法跟上农村地区经济政治发展速度，难以满足农村居民日益增长的精神文化需求；同时，部分地区仍然存在难以深入挖掘当地文化资源的问题，不能充分发挥文化对社会经济发展的反向推动作用。随着市场化和城镇化的发展，传统农村地区的优秀文化受到冲击，部分文化遗产、优秀思想、传统美德面临断代风险，乡村文化存在整体认同危机，我们更加需要强化乡村文化建设，以保持农村地区优秀文化自身的主体性和差异性。在文化强国的时代背景下，乡村文化更需要得到重视。相关部门应当重点着手发展农村地区教育，确保义务教育和职业教育同步发展，提高农村地区青少年的文化素质，进而使其意识到传承农村地区优秀文化的必要性和重要性以及其在文化传承中的责任使命。此外，相关部门也应当加大对公共文化产品的投入，定期组织公共文化活动，丰富农村居民的日常文化生活。

文化振兴要求多管齐下，从各个方面和领域建设乡村文化，其中对乡风民俗的建设和引导是重要的一环。良好乡风的形成和推广有助于在整个农村地区营造和谐的社会氛围。村落文化是重要的文化遗产，特别是部分传统村落的古建筑古工程资源丰富，不仅是宝贵的文化财富，而且可以通过文旅融合促进旅游业发展，对经济发展产生积极影响，我们对其应当积极保护。民俗文化和农耕文化的传承同样需要引起重视，我们应当鼓励非物质文化遗产继承人将非物质文化遗产与现代文化相结合，创造新的文化活力，并以非物质文化遗产、农耕文化体验的形式吸引城市地区游客，在促进经济发展的同时，让农村地区居民意识到传统文化背后蕴藏的巨大经济潜力，增强其文化认同感和归属感，使其更有信心传承和发扬乡村文化，实现文化振兴。

（4）生态振兴。生态振兴是乡村振兴的内在要求，在乡村振兴中占据基础性地位，对于实现乡村可持续发展而言有不可估量的意义。经济效益和生态价值存在辩证统一关系，要实现生态产品价值转化，把绿水青山转化为金山银山。生态保护和“三农”建设是我国现代化建设中的两块“硬骨头”，正因如此，农村地区自然生态资源的开发利用更需要得到重视。当前农村地区的生活垃圾、厕所卫生和村容村貌等问题仍需解决，绿色农业也需加快发展进度。生态环境得到保护是农业生产的基础条件，土壤和水源条件对于农作物的生长起着决定性作用，必须保证土壤肥力和结构良好，水源清洁优质。农民在生产过程中应减少农药、化肥的使用，确有必要使用时要选取有害化学元素含量较低的产品；保护和节约耕地等农业生产资源，从源头上奠定发展绿色农业的基础。解决生态产品的再生产与价值实现问题，有利于实现经济社会生态的可持续发展。我们需要促进公共和私人生态产品价值转化，将生态资源转化成经济效益。从第一产业发展的角度来看，发展绿色农业能够提升农作物的品质和质量，在市场上更具有竞争力，实现价值转换；从产业融合的角度来看，农村地区如能充分挖掘生态资源，发展森林、湿地、草原等生态旅游业，能够吸引更多城镇游客，通过三产融合实现生态价值向经济繁荣的转化。此外，生态振兴还要求生态脆弱地区重点开展治理修复工程，在维护生态根本的基础上发展经济。

（5）组织振兴。组织振兴是乡村振兴的根本保障，也是乡村治理有效的根基。农村地区由于居住分散、差异化特征明显等原因，需要坚强的治理组织基础，依赖各种组织来进行具体的治理工作。在脱贫攻坚过程中，乡村治理主体和各类组织展现出强大的治理能力，转化为农村地区的社会治理效能。乡村振兴衔接脱贫攻坚胜利的当下，更加要求建设了解当地经济社会发展状况和治理需求的治理组织。要坚定不移地发挥农村基层党组织的政治引领和战斗堡垒作用，在村民中发展党员，提高村集体中党员比例，更好地发挥党员的带头作用，树立模范标杆，在农村中宣传推广先进文明的矛盾解决机制以及和谐友好的乡风民俗等，实现党建引领乡村振兴。在建设基层党组织的同时，也要将农村基层群众自治组织的治理主体作用发挥出来，让村委会在乡村日常治理中发挥更大的作用，发挥村民的主体性和积极性，在农村地区构建起稳定的治理秩序，建立并健全自治、法治和德治相结合的乡村治理体系，形成多元主体联动的乡村治理共同体。

（二）文化旅游产业的定义、特点与类型

1. 文化旅游产业的定义

国家统计局发布的《文化及相关产业分类（2018）》将文化旅游产业归类到文化产业范畴，主要是以文化作为核心内容，将文化产品的创作、制造、传播、展示等与旅游活动相结合的产业，面向受众群体提供休闲娱乐服务。这一分类重点强调了文化旅游的体验属性，需要将文化资源转化为具有可感知性和可参与性的旅游产品，使消费者获得富有文化内涵和深度参与的旅游体验。从产业融合的角度出发，文化旅游产业是指文化与旅游相互渗透融合的新型业态，以旅游为载体展现当地特色文化，通过发展旅游业宣传和弘扬当地文化，又通过挖掘文化资源创新旅游产品来推动旅游经济发展，是一种新的综合性产业，实现了文化资本和旅游消费的动态结合。总体而言，文化旅游能够让消费者在旅游过程中感受文化内涵，不仅能够满足消费者的文化精神需要，而且可以为当地创造可观的经济效益。

2. 文化旅游产业的特点

作为乡村振兴的重要载体，文化旅游产业以其独特的产业属性与发展逻辑，成为推动城乡文化互动、促进区域经济转型的关键引擎。从产业本质来看，文化旅游产业并非简单的文化与旅游叠加，而是通过文化资源的创造性转化与旅游场景的深度建构，形成具有鲜明辨识度的产业形态。其核心特征可从体验维度、价值维度、产业维度与发展维度等多重层面进行解构，具体表现为深度体验性、文化赋能性、复合依附性、动态演进性、产业综合性、创意延展性等核心特质，这些特征共同构成了文化旅游产业区别于传统旅游业的内核。

（1）深度体验性。文化旅游的本质是以旅游产品为载体去传播背后的文化意蕴，使游客能够通过活动参与和情感投入与不同的文化实现对话，体验文化意义。

区别于传统观光型旅游的浅层体验，文化旅游要求消费者从观赏者转变为参与者和体验者，进入和体验旅游地的文化生态系统，与当地的民俗风情展开深入互动，在这一过程中完成对当地文化的认知塑造和深度理解。这种体验不仅仅是在感官层面有所收获，而且能够深入体会到文化符号所阐释的价值和精神。例如，在进行非物质文化遗产手工艺类的体验活动时，消费者在学习相关的手工技能之外，更重要的是通过与非物质文化遗产代表性传承人的交流，去理解非物质文化遗产背后蕴藏的文化象征与工匠精神，并对非物质文化遗产、当地社会产生情感共鸣与连接。总体来说，文化旅游产业的深度体验性是它的核心特征，消费者亲身参与相关的文化实践后就可以把抽象的文化符号转化为可以感知和互动的具象化体验，将文化意义内化为自身独特的记忆体验。由于消费者个体存在差异性，不同的人有着不同的理解方式和文化水平，因此每个人的认知框架都有所区别。消费者将基于自身不同的认知来解读旅游地文化，从而形成个性化的理解和记忆。基于这一现象，文化旅游产业的发展就更需要体验的深度性，要构建起参与性和互动性更强的体验场景，让消费者能够进行情境融合和角色代入，增强文化体验的深度与厚度，让消费者在沉浸式体验中完成跨文化的理解和内化，实现传播旅游地特色文化的目标。

（2）文化赋能性。文化旅游产业要实现核心价值，就必须对文化资源进行转化，满足消费者精神世界的需求。与建立在自然景观基础上的观光旅游和以休闲娱乐为主要内容的度假旅游不同，文化旅游要求发掘出文化的独特内涵以便于向消费者提供获取知识、丰富审美和反思文化等多重价值。事实上，消费者在参观历史遗迹、鉴赏民俗艺术、参与文化展演等文化深度体验活动的过程中，他们不仅在观赏文化表象，而且通过解码这些文化符号，理解其中的历史发展脉络、传递的价值观念以及不同地区和民族不同的审美取向，拓展自身的文化认知和精神境界。文旅融合赋能除了在满足消费者精神需求之外，在提升旅游产业附加值上也有所体现。具体而言，传统旅游产品对硬件设施和服务质量的竞争需求较高，而文旅产品能够挖掘当地文化的独特性，并将其融入文化旅游产品中，赋予产品文化价值，吸引消费者（特别是年轻消费群体）购买，近年来在网络上走红的各类文创产品就是很好的体现和证明。文创产品将当地的文物和民俗特色等融入文创旅游产品设计，在提升商品文化内涵的同时打造出具备高辨识度的品牌形象，在满足消费者高品质精神消费需求的同时实现了文化价值的市场化，实现了对当地文化的保护与传承，形成“以旅彰文、以文促旅”的良性循环。

（3）复合依附性。文化旅游的发展依赖于文化内涵与物质载体的有机结合，其核心吸引力在于附着于自然景观、历史遗存、民俗风情等载体之上的文化符号。这些载体既是文化的物质表现形式，也是文化意义的传播媒介。例如，古村落作为文化旅游的重要载体，其建筑格局、街巷肌理、生活方式共同立体呈现了地域文化，消费者对古村落的体验，本质上是对其承载的农耕文化、宗族文化、生态文化的认知与理解。脱离了具体的文化载体，文化旅游将沦为抽象的概念演绎，失去其真实的体验基础。文化旅游的复合依附性不仅在文化载体上有所体现，在产业发展的过程中对其余多元要素也有较高的依赖。除了优质的文化资源，文化旅游还依赖交通、住宿、餐饮等配套服务设施的支撑和信息技术、创意设计等现代技术的赋能，互联网技术和自媒体平台的发展给文化旅游产业的宣传提供了便捷渠道，也倒逼当地为发展文旅产业而加快基础设施建设。例如，虚拟现实、增强现实等技术的进步为创造新的文化体验场景提供了条件，这些技术与文化资源的深度融合拓展了文化旅游的发展空间。此外，文化旅游的依附性要求有关部门在产业开发的过程中重点保护文化载体这一产业基础，避免过度商业化破坏文化原生性，维持保护和开发文化资源的动态平衡。

（4）动态演进性。文化旅游的发展势必伴随着文化的交流、碰撞与创新，可见文化旅游是一个充满活力的动态系统，其内涵与形式也随着社会经济的发展和消费者需求的升级不断演变，从早期单纯的历史遗迹参观发展到现在的沉浸式文化体验、创意文化展演等多元形态，其中体现的是产业随着时代变迁而作出的适应性调整。产品形式的创新和文化生态的持续重构都是这种适应性和演进性的重要体现，消费者的文化背景和价值观念同旅游地的文化相互作用，形成新的文化表达形式。外来游客对当地民俗的体验和传播，就有可能促使传统民俗在保留核心文化基因的基础上汲取现代文化元素，适应时代需求来形成新的融合性的文化表现形态，更好地满足异地消费者的需要。文化的开放性和包容性是文化旅游产业动态演进性的深层逻辑所在。文化旅游实质上是跨文化交流的平台，产业发展的过程必然导致不同文化间的碰撞与融合，这种碰撞一方面可能对旅游地文化造成冲击，但另一方面也可能成为文化创新的动力，为当地文化发展注入新的活力。城市消费者的现代生活方式与农村地区传统文化的互动可能催生出文创产品、主题民宿等同时具备现代审美和乡土特色的新文化形态。也就是说，文化旅游产业的发展需要建立动态的文化治理机制，在保护当地文化独特性的同时，积极引导文化创新，促进传统文化和现代文明在对话中完成创造性转化和创新性发展，形成更具生命力的文化生态系统。

（5）产业综合性。文化旅游产业相比于其他文化类产业而言的显著区别之一就在于它的产业关联效应，文化旅游产业的发展涉及多个环节，是一个综合产业体系。这种综合性在单一旅游景区内的业态整合和全面带动区域经济方面都有所体现。具体而言，从餐饮住宿、交通物流等基础服务业到文化创意、健康养生等新兴产业，文化旅游产业的整个产业链条较长，有很大的延伸发展空间，也因此能够有机会发展出庞大的产业集群。以非物质文化遗产为主题的旅游景区就不仅要建设起配套的餐饮住宿服务，而且要衍生出手作体验、特色表演等新业态，进一步带动周边地区农业、手工业和服务业的发展。在乡村振兴的背景下，文化旅游产业综合性就是要求其打破产业边界，使文化资源和不同产业深度融合，这对于实现乡村振兴目标来说也十分重要。通过发展文化旅游，利用和依托当地特色文化资源，再整合农村地区自然景观、民俗文化和农业资源等独特资源，形成“文旅＋农业”“文旅＋手工艺”“文旅＋康养”等多元业态，在提升农村产业附加值的同时也创造大量就业机会，为城乡间要素的双向流动提供了通道。

（6）创意延展性。难以替代的创意延展性是文化旅游产业的重要特征之一，这一特征的基础是文化资源的可转化性，文化资源能够通过创意设计在不同领域中延伸核心文化元素来形成多样化的产品形态和业态，完成当地文化的创造性转化。这种延展性往往在于打造具体的乡村文化IP并挖掘深层的文化内涵，进一步开发系列化、层次化的旅游产品以提高利用文化资源的效率以及文化旅游产业的附加值。从业人员应充分展现文化旅游产业的创意延展性，其中的关键在于突破静态呈现文化资源的传统模式，利用现代创意手段激活传统文化元素，将具有相似文化背景的景区或资源通过创意和创意延展实现差异化表达，打造独特的品牌形象，进而让当地文旅产品在同质化竞争激烈的文旅市场中占据一席之地。不同景区也可聚焦不同历史事件，构建各具特色的旅游体验，利用文化旅游的延展性扩大其市场空间，激活传统文化的生命力，使传统文化在现代语境中焕发新的生机。

总而言之，文化旅游产业的特点本质上是一种文化和经济综合体的内在属性。我们需要深刻理解这些特征，充分发挥文化旅游产业的特点来指导乡村振兴和文旅融合的实践。

3. 文化旅游产业的类型

要理解文化旅游产业的多元发展形态，就要对文化旅游产业的类型进行细致的了解和区分。具体来说，文化旅游产业可以根据其不同的资源属性和产业逻辑分为三种类型，分别是以物质文化为载体的遗迹类旅游、以非物质文化展演为创意的体验类旅游以及物质和非物质文化融合的复合型旅游。

（1）遗迹类文化旅游。这一类型的文化旅游相对比较传统且发迹较早，它以不可再生的物质文化遗产作为核心来吸引游客，并通过发展文化旅游对历史遗迹进行保护性开发来实现文化资源的价值转化。遗迹类文化旅游的基础和载体是包括世界文化遗产、历史名城、古建筑群和工业遗迹等在内的物质文化，以此可见此类文化旅游的核心在于依托实体存在构建可感知、可观赏的历史场景，并在具象空间中实现消费者对历史记忆的搭建。遗迹型旅游的核心价值，就是挖掘和转化物质载体上承载的文化意义。古建筑的形制机理、历史街区的空间结构规划以及雕塑壁画等艺术品的风韵，都不单单体现历史时空中精妙的技术工艺，而是同时映射出特定历史时期的社会文化特征。因此，对于物质文化遗迹的开发必须遵循“保护优先、合理利用”的原则，要在保证物质文化遗产完整性的前提下，去开发新的设计和叙事方式，由此实现静态物质空间向动态文化体验场景主题化、情境化的转化，使游客能够在体验空间里实现与历史的对话，从而建构深层次的文化认同。

总而言之，遗迹类文化旅游高度依赖文化载体，因此需要格外注意原真性保护和现代化阐释的平衡。如历史文化类遗产可以借助信息技术建立数字文物库并开发交互式体验，让游客即使不能现场观赏文物也能够领略到古代匠人技艺之精湛，既延续了物质文化遗产的本真性，又通过技术赋能拓展了其传播维度，这对于历史文化旅游而言，就实现了从单纯的器物展示到叙事建构的转型升级。对于工业遗迹来说，重点在于在进行环境生态修复保护的基础上，保留部分工厂和生产设备等工业化痕迹，并通过复原生产场景、互动体验等方式，将遥远的工业文明历史转化为可触摸的旅游产品，吸引游客沉浸式感受工业技术进步的脉络。

（2）体验类文化旅游。体验类文化旅游通常将非物质文化遗产作为其核心内容。由于非物质文化遗产的文化精髓在其制作过程或表演过程当中，并不会像物质文化遗产那样可见、可触、可感，因此需要依靠节庆仪式、民俗活动、传统技艺等文化事项进行展演或体验活动，从而强化此类文化旅游的参与性和互动性。体验类文化旅游更加强调文化的过程性和实践性，并聚焦于非物质文化的动态呈现，将仪式化展演作为主要的开发形式。例如，傣族泼水节就复原和呈现了诸多传统仪式，把民族文化转变成为可体验的旅游产品，游客的身份也从纯粹的观赏者成为仪式参与者之一，在泼水互动和歌舞表演中感受傣族的“水文化”和拥有独特审美的民族文化。文化的具身性体验是体验类旅游的核心特征，非物质文化遗产传承依赖于人的实践行为，因此，这一类旅游开发需格外注重建构游客的参与感，可以设置手工制作、非物质文化遗产技艺学习和节庆互动等体验项目，让游客在实践中感受文化温度。例如，在部分地区的传统戏曲体验项目中，游客除了观赏舞台表演，还能够亲身体验穿戴戏服、学习戏曲身段和进行唱段模仿等活动，深入感受和理解传统戏曲的艺术魅力。

此外，近年来研学旅游已成为体验类文化旅游的重要分支。丰富的课程设计和互动体验，使学生群体对传统优秀文化形成清晰的概念和理解，从而将文化知识转为实践体验，扩展传统文化在学生群体当中的传播范围。总而言之，体验式旅游打破了传统观光旅游的单向传播模式，形成了互动式的文化交流场景，这一转变不仅可以满足游客对体验的差异化需求，还提供了非物质文化遗产活态传承的市场化路径，实现文化保护与旅游发展的良性互动。

（3）复合型文化旅游。复合型文化旅游是有机融合物质文化遗产与非物质文化遗产的产物，主要通过构建综合性的文化生态系统实现多元文化要素的协同增效。这类文化旅游通常在特定地域发展，它们系统整合了当地的自然景观、历史建筑、民俗风情、传统技艺等多种文化资源，从而形成层次丰富、维度多元的文化体验空间，使游客在同一地点获得多角度的文化认知和理解。这类文化旅游的核心优势在于，它们系统性地建构了文化生态，具体来说，就是自然景观作为文化的物理载体，历史建筑则从空间叙事的角度体现文化特色，再通过民俗活动实现文化的动态表达；这三者相互依存、互为补充，从而创造出更加具有生命力的文化场域。例如，部分国家的动物园、公园会将生态保护与地域民俗相结合，游客在参与栖息地保护的实践过程当中，可以体验当地的文化特色。这种整合不仅可以使旅游产品的丰富度得到较大程度的提升，而且通过多元文化要素实现了共生协同，增强了当地文化独特性，从而形成难以复制的核心竞争力。丽江古城是复合型文化旅游的典型代表，古城内部保存完整的明清建筑和古街古巷等古建筑群构成了物质文化的空间基底，东巴文化、纳西古乐、民族服饰等非物质文化要素则承载了当地文化的精神内涵。游客在游览古城建筑的同时，能够观赏古乐表演、选购民俗手工艺品等，通过物质文化和非物质文化的深度耦合，形成游客与当地情感上的深度链接，这就能够使游客在古城旅游生态圈层内形成完整的“景观游览—文化体验—情感联结”行为链条，进一步打破单一文化要素的孤立呈现状态，通过实现多元文化符号的交织碰撞，构建起立体的文化感知体系。

此外，部分地区将工业文化旅游和红色教育相结合，在改造当地物理空间的同时也将工业发展历史与革命精神传承相结合，搭建起统一的叙事逻辑，将不同文化要素整合成有机整体，为游客提供了多层次的丰富体验。总体而言，开发复合型旅游必须注重文化要素的内在关联，避免简单堆砌，在物质文化和非物质文化生态的整体性逻辑基础上实现文化结合。

（4）文化旅游产业类型边界拓展衍生的新类型。文化旅游产业的类型边界随着技术进步与消费升级而不断拓展，逐步衍生出了技术驱动的创意型文化旅游和以空间重构为特征的新型文化旅游形态。前者依靠数字技术和艺术创新等手段，将文化资源转化为沉浸式互动体验场景。例如，许多美术馆和展览馆就利用数字技术和空间交互技术打造出文化创意空间，开创了“科技 + 艺术 + 文旅”的新型模式，实现了艺术作品与游客行为之间的动态对话，这突破了文化旅游对物质载体的依赖，在虚拟场景里构建新的文化体验模式。文化旅游在不同的空间中也有不同的发展路径，城市文化旅游聚焦现代都市的文化创意、商业休闲与街区更新，而乡村文化旅游则更加注重自然生态、农耕文化和民俗传统等核心。

对文化旅游产业的类型进行具体划分，对于理论建构和具体实践都有重要意义。随着文旅产业的纵深发展，各类型文化旅游间的边界将不断模糊以呈现多元融合的形态，但文化旅游产业的核心始终为对文化资源的尊重和创造性转化。因此，我们需要针对不同类型的文化旅游产业，因地制宜、因类制宜地探寻适合的发展模式，并结合新技术进行创新，实现各种类型的文化旅游产业蓬勃发展。

（三）乡村文旅融合的概念、边界与模式

1. 乡村文旅融合的概念

乡村文旅融合是以乡村为空间载体，通过文化资源和旅游产业的深度交流，联动农业、生态保护产业、手工业等多元要素整合而成的新型产业形态，其形成得益于科技进步、消费升级、产业转型的协同驱动。乡村文旅融合将农业和传统手工业资源作为其发展根基，强调文化资源的内在核心地位，通过旅游活动的载

体有机展现两者的结合，并将各类要素进行重组和协同，以突破传统产业间的界限，构建起新的“生产 + 生活 + 生态”一体化的乡村发展模式。综合来看，乡村文旅融合的最终目标在于挖掘农村地区的深层价值，促进三大产业协同发展，促进生产、生活和生态的同步改善，使文化、产业与社区协同共生，实现乡村的可持续振兴。

2. 乡村文旅融合的边界

乡村文旅融合作为一种创新型产业发展模式，在乡村振兴战略的推动下展现出强大的发展潜力，要准确把握其发展方向、实现可持续发展，就要对乡村文旅融合的边界有深入理解。总的来说，乡村文旅融合的边界涵盖了多个维度，并在发展过程中呈现出动态变化特性。乡村文旅融合的产业边界在技术创新和文旅消费升级的驱动下不断得到扩展，新的技术在数字化时代背景下，成为打破传统产业边界的重要力量，将乡村的农业从单纯的生产环节延伸到销售服务环节，使农业产业边界向服务业拓展。文旅消费的升级同样延展了农业产业的边界，消费者对于文化体验需求的升级，促使乡村文旅融合项目在农业观光和旅游活动的基础上注重融入文化元素，创造新的文化消费市场，为农业和文化产业开辟新的发展空间；推动产业价值由单一农产品价值转向多元的文化体验价值，实现产业价值的大幅增长。在空间维度上，乡村文旅融合呈现出以城乡要素双向流动为重要体现的重构特征，城市的资本、人才、技术等要素在乡村振兴的过程中逐渐向乡村流动，并同乡村土地、生态和文化等资源结合，推动了乡村旅游业的发展；而城市居民积极参与农村地区旅游项目，则为农村居民带来丰厚的收入并促进城乡文化的交流与融合。此外，地理标志产品对于驱动拓展乡村文旅融合空间也至关重要，具有地域特色和品质优势的产品往往会成为某地区乡村文旅融合发展的核心吸引力，如果能够配套开发从种植、加工到旅游体验的全产业链，该产品将具备带动周边地区经济发展的巨大潜力。同时，乡村文旅融合的空间重构已经显现出跨区域协同发展的新趋势，不同地区可以通过整合资源和联合营销来打破行政区域界线，打造跨区域的乡村文旅 IP，在乡村文旅融合跨越地理空间的同时，也能够提升区域旅游的整体竞争力。

不容忽视的是，在乡村文旅融合发展过程中，生态承载力、文化原真性保护和社区参与度等约束性条件需要得到充分考虑。也就是说，我们需要建立起相应的平衡机制，减少这些限制性条件对乡村文旅产业融合发展的约束。生态承载力是乡村文旅融合发展的重要制约，过度开发必然严重破坏生态环境，而且会对产业的长期发展造成负面影响。因此，我们需要对生态开发进行科学评估和规划，以确定合理的开发规模和游客接待量，在生态脆弱地区建立生态环境监测体系，来实现对各项生态指标的实时监测，从而获得生态承载力的动态数据，及时调整旅游开发策略，确保旅游业发展不会对生态环境造成不可逆转的破坏。保护乡村文化原真性是乡村文旅融合必须遵循的原则，要在开发过程中注重保护乡村文化这一乡村文旅融合的灵魂，制定严格的保护制度对旅游开发进行规范管理，避免过度商业化对文化的破坏。社区参与度是直接影响乡村文旅融合可持续发展的重要因素，农村地区居民作为当地文化的传承者、守护者和讲述者，对于旅游项目开发的成功发挥着至关重要的作用。因此，我们需要在产业发展的过程中建立合理的利益分配机制，实现旅游收益的共创共享，并借此鼓励当地居民参与到旅游项目经营和管理当中，来激发居民保护文化的积极性。

3. 乡村文旅融合的模式

乡村文旅融合作为乡村振兴战略背景下推动农村地区产业升级的关键路径，已经在各地区的综合实践中形成多元化的发展模式，对于传承农村地区优秀传统文化和促进农民增收都产生了积极影响。这些模式从不同维度出发，在各种驱动因素和发展逻辑的基础上形成了丰富的实践样本，充分利用了当地资源文化优势，基本实现了因地制宜的产业发展要求。

资源驱动型模式是乡村文旅融合的主要模式。这一模式通常依托对农村地区独特的自然景观、历史遗迹和民俗文化等资源的合理规划和开发，将资源优势转化为产业优势；其核心在于对本土特色资源的精准识别和深度挖掘，并在此基础上打造差异化的文旅产品。这一模式的基本要求是保护和持续利用资源。该模式需要对资源的开发利用进行科学规划和管理，同时也要尝试实现对资源的深度开发，提高其产业附加值和价值转化率。

政策引导型模式则是以政府为主导方来制定政策、规划项目来推动乡村文旅融合发展的模式。政府作为利益相关者之一，在其中发挥统筹协调、配置资源和政策支持的作用，通过提供财政补贴等手段吸引社会资本对乡村文旅项目的投入，发挥其能够高效整合资源的优势，形成产业规模效应，并确保产业发展符合区域整体发展战略，从而实现当地经济、社会和环境的协调发展。

除政府外，企业和社会资本也是重要的乡村文旅融合产业建设主体，在这两种类型资本的主导下，乡村文旅形成了市场创新型融合模式。该模式主要以市场需求为导向，观察、分析消费趋势，并应用新技术对商业模式和营销手段进行创新，来迎合市场需求的变化。例如，部分农村地区利用短视频、直播等新媒体平台宣传当地旅游产业，吸引了大批外地游客；或是根据市场变化灵活调整、及时更新旅游产品及服务，来提高当地旅游业的市场竞争力。

技术驱动型模式则突出新兴科学技术在乡村文旅融合当中的运用，借助大数据、人工智能、区块链等技术，全方位改造和升级农业生产和文旅服务，利用智能设备实现精准生产并提高农产品质量；通过数字化手段，打造智慧旅游平台提供个性化旅游服务，提高消费者的旅游体验。这一模式将科技活力注入乡村文旅融合的过程中，提升了产业竞争力，但同时也提高了技术力的投入成本以及对专业技术人才的需求。

文化赋能型模式同样是乡村文旅融合的典型模式，它着眼于挖掘、传承和创新农村地区优秀传统文化，将农耕文化、民俗文化和非物质文化遗产文化等融入农业文化旅游产业，赋予旅游产品和服务深厚的文化内涵，打造具有文化特色的旅游品牌和产业集群，从而增强游客对当地文化的认同感和体验感。

产业集群型融合模式相较其他模式而言更加强调形成产业规模，要求实现产业链的纵向延伸和横向拓展，形成全产业链闭环，促进产业协同发展和价值最大化。具体来说，就是让农产品从种植、加工到销售，再到和文旅体验相结合，形成完整的产业链；实现农业与其他产业的跨界发展，奠定较强的产业基础和较大的品牌影响力，提高产业的整体竞争力，并协调好各产业之间的利益关系。

社区参与型融合模式则是以社区居民为主体，建立利益共享机制，使当地居民能够深度参与乡村文旅融合的过程，共享其发展成果，并借此调动农村地区居民的积极性和创造性，增强其凝聚力。

由于各地的文化旅游资源在事实上并非单一资源，乡村文旅融合的复杂需求仅靠一种模式或许难以满足，复合型融合模式应运而生。该模式将多种模式进行有机结合以充分发挥各自优势，实现资源、政策、市场、技术、文化等要素的最终协调，形成强大的发展合力。

乡村文旅融合的多样模式为乡村发展提供了丰富选择，应当根据各地不同的市场需求、资源条件和政策环境等个性化因素，选择或者结合各种模式，推动乡村文旅融合向纵深发展。

二、理论支撑体系

（一）产业融合理论及其在乡村文旅领域的应用

产业融合理论是伴随技术变革和传播出现的新的经济理论，是理解现代经济结构变化和产业发展趋势的关键理论之一。这一理论的起源，在于对技术融合现象的观察，其内涵随着时间推移和社会发展不断丰富，涉及技术、市场、产品和产业组织等多个方面。它不仅改变了传统产业模式，而且催生出了很多新型业态，对经济发展和社会变革都产生了深远影响。

1. 产业融合理论的演进

产业融合理论的起源可以追溯至20世纪60年代。罗森伯格（1963）在对美国机器工具产业演化进行研究的过程中，发现了钻孔、研磨等技术跨越壁垒向不同产业扩散的现象，并将该现象定义为“技术融合”，认为产业融合始于不同产业间的技术联系，这一发现奠定了产业融合理论的发展基础。20世纪70年代，尼古拉斯（1978）利用图形对印刷、计算和广播三个在技术上有相互关联的产业边界的重叠部分进行了描绘，并且指出交叉点将是未来创新发展最有前景的部分，开辟了产业融合研究的道路。20 世纪 90 年代中后期，随着信息通信技术的快速发展和美国新电信法案的通过，信息通信领域中跨媒体、产业和地域等的企业并购现象逐渐增多，学术界开始系统地构建产业融合理论的框架。欧盟委员会对产业融合的内涵进行了界定，所谓产业融合，是指技术网络平台、市场和产业联盟与合并三个角度的融合，这使产业融合的研究突破了原先仅在技术层面的限制，开始更加侧重研究市场、产品、产业之间的紧密联系。

进入 21 世纪，不同学者从不同角度对产业融合进行了深入研究。植草益（2001）重新定义了产业融合的概念，把关注的重点放在产业融合的起因和结果上，指出需要借助技术创新和放宽边界来减少各行业间的障碍以促进产业融合，进而加强行业内部以及企业之间的竞争合作关系。马健（2003）则进一步从多个角度出发，对产业融合的概念进行了全面系统的阐释，强调在科技进步和社会发展的背景下，各行业间的技术融合频率必然提高，这不仅能够促进产业结构的升级优化，而且能够调整行业内竞争合作的动态关系，重新界定不同行业和产业的边界。

总体来看，早期的产业融合研究主要聚焦于技术融合，而产业融合的研究范畴也随着实践发展而不断向纵深拓展。技术学派注重研究共享技术基础如何传播扩散以及扩散的整个过程，产品学派更倾向于研究市场表现出的替代性和互补性融合，企业学派则注重研究竞争主体一旦跨界将如何推动实现产业重构，而制度学派重点关注政策的规制和标准体系的适应性变革。不同学派和学者的观点在产业融合实践的过程中不断丰富，使产业融合理论逐渐形成了一个多维度、多层次的理论体系。这些相互补充又逐渐完善的不同观点，共同揭示出产业融合的本质和规律，进一步深化了对产业融合的认识和理解。

2. 产业融合的驱动因素

（1）技术创新。技术创新或者说技术融合是产业融合产生的主要动力。通常情况下，技术创新的发生能够改变传统产业的边界，为产业融合创造了可能性并奠定了物质基础，是推动产业融合的根源。在数字化时代，产业融合的关键就在于把握住数字技术指数级发展的机遇和节点。例如，具有低时延、高带宽等特性的 5G 网络，就使工业物联网成为可能，使制造业中设备间的实时通信和协同工作成为现实，促进了制造业和信息技术产业的融合。而云计算则可以支撑跨国企业的分布式运营，实现对存储数据和计算任务的云端上传，灵活调配共享信息资源；突破了企业内部部门之间的信息壁垒，并且推动不同产业在运营层面的融合。此外，利用区块链技术可以通过去中心化的分布式账本，使交易双方摆脱对传统信用中介的依赖，从而实现安全透明的交易，构建起贸易和金融等领域新的信任机制，并以此促进两个产业的融合。

在乡村文旅产业融合的过程中，新兴技术也发挥了重要作用。不论是提高了农业生产的效率和质量的新的农业生产技术，还是促进了农村地区文化旅游资源的深度整合和挖掘的互联网信息技术，都推动了乡村文旅产业融合的深层次发展。新兴技术的创新和应用能够打破传统产业间的技术壁垒，实现技术资源在不同产业间的共享，并最终开发出具有融合特性的产品及服务，推动产业融合的发展。

（2）市场需求。市场需求可以被视作产业融合的外在拉力，消费者的需求随着经济和社会的发展日益多元化、多层次化，不再对传统的单一产品或服务而感到满足，而是追求更加高品质和更有创意的个性化消费体验。例如，人们对健康生活的追求推动了医疗产业和养生、食品以及运动等产业的融合。越来越多的消费者希望能够有完整的产业链一次性满足健康监测、疾病预防和康复护理的全流程服务，促使相关产业进行资源整合和产品创新，以开发融合多种功能的产品和服务。而在乡村文旅市场中，消费者不再满足于单纯从市场消费农产品或者在旅行目的地走马观花地观光旅游，而是更倾向于可以深入体验当地的文化和生活方式，由此催生了乡村文旅融合的产业，并出现了乡村文化旅游等新业态。由此可见，市场需求的变化将推动生产者不断寻找、挖掘新的市场增长点及拓展市场机会，通过将不同产业的要素进行融合，来满足消费者的新需求，进而推动产业之间的融合。

（3）主体利益。产业主体对于生产利益的追求也是推动产业融合的重要动力，产业融合为各类主体提供了新的盈利机会和发展空间，使企业能够突破传统产业模式下的激烈竞争和有限利润空间的桎梏，开发新的产品和服务，来拓展业务领域，进一步实现多元化经营，提高企业的市场竞争力和盈利能力。竞争合作的压力同样有助于促进产业融合。企业为了持续赚取利润和赢得市场，必然要想方设法提高自身的竞争力，而产业融合是其中较为常用且效益相对好的方式。由此可见，产业融合的动因之一就是市场主体对利益的追求。传统农业主要依靠农产品种植和销售获取收益，利润微薄且市场风险高，但是其如果同旅游业、加工业等产业融合起来，就可以改善相应的问题。例如，部分地区发展出休闲农业和农产品深加工等项目，增加了农产品的附加值以拓宽收入渠道，农户也可以在整这个过程中通过参与旅游经营和农产品加工等获得增收。对于企业而言，产业融合还有助于实现资源共享和优势互补，降低生产成本、提高生产效率，从而在市场竞争中占据更有利的地位。

（4）政府政策。政府政策为产业融合提供了重要的外部保障。政府是制定宏观经济政策、提供公共产品与服务、进行市场监管等国家行为的主体。若政府能够出台相关政策鼓励技术创新，并加大对科研的投入，支持企业进行技术研发，就可以为产业融合提供技术支撑；而若政府利用税收优惠和财政补贴等政策手段，去引导企业参与到产业融合的项目中来，也将降低企业推行产业融合的各方面综合成本，从而提高企业的积极性。具体而言，政府需要制定合理的产业政策，并不断完善市场规则，防止或惩罚不正当竞争的行为，规范市场秩序，以确保产业融合的推进健康发展。在乡村文旅融合的过程中，政府作为建设主体也应当加强基础设施建设。例如，提高交通、通信和能源等基础设施的建设水平，以保障产业融合的“硬件”；同时规划产业园区的建设，引导相关农业产业、文化产业和旅游产业集聚发展，为产业融合创造良好的外部环境，并促进产业间的交流与合作，从而推动产业融合的进程。

3. 产业融合的效应分析

产业融合能够提升经济效益。具体来说，产业融合能够使企业对资源进行有效整合，实现规模经济和范围经济，从而提高产业的绩效水平，创造更多经济价值。例如，我们可以共享生产设备、技术和人力资源来降低生产成本，并为融合形成的产品和服务打通销售渠道、拓宽市场份额。同时，产业融合对技术创新和产品升级的促进也能够在很大程度上提高企业的竞争力，从而提高产业经济效益。乡村文旅融合就是产业融合提升经济效益的生动范例。三产融合所产生的经济效益显著高于仅依靠农业生产取得的收益，同时，乡村文旅融合也能够促进农业产业本身的发展。

产业融合还可以推动产业结构的优化升级。产业融合可以催生新兴产业并促进其发展，电子商务、数字媒体、在线教育等新型业态就是在信息技术和传统产业融合的背景下逐步成长的。这些新兴产业都具有高附加值、低能耗、创新性强的特点，它们能够成为新的经济增长点，并推动产业结构向更加高端和智能的方向发展。此外，产业融合有助于引进新的技术、管理模式和商业模式，来完成对传统产业的改造提升，以降低生产成本、提高生产效率并增强市场竞争力。传统农业借助互联网和大数据等新技术发展智慧农业，就可以实现精准种植养殖和农产品溯源等。在此基础上，文旅融合在农村地区的发展又进一步借助文化设计产业实现农村旅游产品和服务项目的开发，完成整体的产业升级。总体可见，产业融合对于推动实现产业结构的优化升级发挥着积极作用。

产业融合同时也是推动产业创新的重要力量。不同产业的技术、知识和管理经验在产业融合的过程中相互碰撞交流，激发出产业创新的动力。例如，智能制造这一新兴领域，就是在信息技术和制造业融合的过程中应运而生，其利用物联网和人工智能等新技术，在提高生产过程智能化水平的同时，也创造出新的生产模式。在此之外，产业融合还促进了生产主体向新的业务领域和市场机会探索，这正是在乡村文旅融合的过程中体验经济、文创经济迅猛发展和形成强大吸引力的动力源头。全新的产品设计和体验式旅游的消费模式，让游客更愿意为其背后蕴含的传统文化支付对等账单，同时也倒逼相关产业的主体挖掘新的创新点，以更好地实现乡村文旅融合。

产业融合对于市场结构的影响也十分深远，它能推动市场结构的变革。平台经济模式在产业融合的背景下兴起，汇总多个产业市场的需求于统一的平台上，来满足消费者的一站式需求，并借此占据规模庞大的市场份额。市场竞争的激烈程度也由此加深，不同产业之间突破壁垒后，其触角向其他领域延伸，这导致市场竞争不再局限于相同行业之间，跨界竞争的态势越发明显。强烈的竞争和生存需求成为企业不断进行自身完善和创新的驱动力，进而推动了整个市场的发展变革。在乡村文旅融合的过程中，部分地区为了避免文旅项目的同质化、扁平化，仔细深入挖掘当地文化特色并精细策划相关旅游产品和项目，也推动了当地产业的创新发展。

在经济发展和产业自身发展之外，产业融合也在社会层面产生着不可忽视的影响。一方面，产业融合能够产生新的职业需求以创造新的就业岗位，提供更多的就业机会来缓解社会就业压力。新业态的发展，需要的不仅是大量具备科学知识和技能的人才，如数据分析师、人工智能工程师等，还需要掌握基本生产技术和劳动素质的职业人才，因此产业融合对就业结构来说，是一种从上到下的优化。另一方面，产业融合也对区域发展具有重要意义。各个地区可以通过产业融合发挥自身优势，实现资源优化配置和产业协同发展；特别是对于农村地区来说，在部分相对较为聚集的村镇，可以联合发展当地的文旅产业，共同发掘其自身发展旅游经济的优势，实现整个区域经济的发展，最终缩小城乡间的发展差距。

产业融合理论在发展中不断完善，不同驱动因素间相互作用能够产生多方面的影响和效应。深入理解产业融合理论，对于把握融合性产业的发展趋势和发展动因有重要价值。在乡村文旅融合的研究和实践过程中，必须关注不同产业部门之间的联系和良性互动，从而为消费者带来更好的旅游体验。

（二）可持续发展理论与乡村文旅发展的生态平衡

可持续发展理论形成并发展于全球生态危机与社会发展矛盾日益凸显的背景下，旨在寻求经济、社会与环境三者之间的平衡，并确保所采取的手段能够既满足当代人的发展需求，又不会损害后代人满足其需求的能力。可持续发展理论在发展过程中经历了漫长的探索历程，在不同国家和地区的实践中不断得到了丰富和完善。

1. 可持续发展理念的演进

工业文明带来的一系列负面效应激发了学界和社会人士的反思，从而催生出现代可持续发展思想。人类社会的生产力在工业革命和科技进步的推动下得到了大幅提升，第二次世界大战后相对稳定的世界局势引起了各国追求经济建设的“经济热”。在这期间，人类创造了巨大的物质财富，但同时也引发了严重的生态危机，造成了环境污染、资源短缺和气候变暖等全球性问题。从 20 世纪 30 年代开始，西方发达国家先后发生了“八大公害”事件，这更加迫使人们反思自己的行为寻求新的发展模式。1962 年，美国生态学家蕾切尔·卡逊发表了《寂静的春天》一书，揭示了化学杀虫剂滥用对生物界和人类的危害，将环境问题清晰地呈现在公众面前，使大众开始关注农药对生态系统造成的破坏，进而提高了对环境问题的重视程度。1966 年，美国经济学家鲍尔丁提出“宇宙飞船经济观”，对经济发展中的生态问题提出了警示。主要研究人口、资源和环境的民间学术团体罗马俱乐部于 1968 年成立，并在 1972 年发表了首个研究报告《增长的极限》，指出经济可能在将来面临“零增长”的极端情况，并揭示了资源环境问题的现实性和紧迫性，其对于合理持久的均衡发展的论述可视为可持续发展理论的雏形。1980 年，由联合国环境规划署、世界自然保护基金会、国际自然保护联盟共同发布的《世界自然保护大纲》，首次明确提出了“可持续发展”的概念。1987 年，世界环境与发展委员会发布了《我们共同的未来》，对可持续发展的内涵进行了明确界定。1992 年在巴西召开的联合国环境与发展大会，通过《里约环境与发展宣言》和《21 世纪议程》，确立了可持续发展在世界最广泛范围内的政治承诺，推动了可持续发展理念从理论探讨向全球实际行动的转化。

在可持续发展理论视角下，最新的、有关生态产品价值实现机制的研究可以成为创新的关键突破口。传统的生态保护论述侧重于强调保护的义务和制约，但生态系统生产总值计算（GEP 核算）、碳吸收源交易等新途径，可将生态资源量化为可测量、可交易、可增值的“绿色财富”。GEP 核算突破了以国内生产总值为核心的传统经济计量模式，将生态系统提供的产品和服务价值纳入核算，使生态产品价值不再“隐形”，帮助地方和企业了解生态资源经济所存在的潜力。例如，陕西咸阳借助 GEP 核算计量生态价值，通过生态补偿交易变现，实践“两山”理念，为当地持续注入生态保护动力。碳吸收源交易则为实现生态产品价值开辟了市场化通道，它将生态系统的碳吸收源能力转化为碳吸收源资产。企业购买碳吸收源限额，让生态保护从依赖财政补贴的“被动保护”转变为依赖市场交易的“主动经营”，符合“两山”理念生态资源向经济财富的转化逻辑，进而让生态保护与经济发展形成良性循环。地方政府可以依托 GEP 核算编制生态资产负债表，构建碳吸收源交易平台。例如，浙江丽水借助 GEP 核算推进“生态产品价值实现机制试点”，开展林权抵押贷款等实践，使生态产品“活”起来，实现了生态保护和价值盈利的双赢理念。宏观来说，这些创新机制重塑了生态保护与经济发展的关系，使生态资源从需要投入成本保护的一方，变为利润来源；企业通过参与生态保护可以获得经济回报，地方发展通过生态保护能走出全新的路径。这些机制量化、推广了全新的绿色发展模式，为我国的可持续发展提供了理论和智慧。创新性的生态保护机制在生态经济领域进行深化，推动了生态保护和经济增长，为百姓的新生活谱写了全新篇章。

2. 可持续发展理论体系的构建

（1）发展指标体系的构建。衡量一个国家或地区的可持续发展水平，需要建立一套科学实用的评价指标体系。国际上常用且相对权威的体系主要有联合国的 CSD 和 STAT 可持续发展评价指标体系、环境科学委员会的 SCOPE 可持续发展评价指标体系、世界银行的可持续发展评价指标体系等。这些国际体系在确定指标和评价方法等方面具有一定的科学性和通用性，为全球可持续发展评价提供了基础框架。我国学者在借鉴国际经验的基础上，结合本国实际情况，对可持续发展评价指标体系进行了大量研究。1999 年，中国科学院发布《中国可持续发展战略报告》，其中提出了包括 5 个等级、208 个指标在内的中国可持续发展指标体系，并在 2003 年发展成为一套五级叠加的更为完善的体系，包括总体层、系统层、状态层、变量层和要素层 5 个等级，该体系成为国内影响最大、使用最广泛的指标。在区域层面，也有学者因地制宜进行研究，基于自然条件和经济发展差异探讨了不同地区的指标体系构建。例如，毛汉英在充分考虑山东地域特色和资源禀赋的基础上，构建出当地的可持续发展指标。

（2）可持续发展模式探索。发展模式创新是可持续发展理论的重要组成部分，学界针对这一问题进行了深入探讨并产生了诸多观点。梁言顺（1999）提出“低代价的经济增长模式”。他指出，经济增长必须重视所需要付出的代价，而不能无节制地以生态资源的过度开发换取快速的经济发展，由此构建出了“两循环三增长”的发展范式，更加注重对资源和环境的保护，以提高经济发展的质量和可持续性。张孝德等（2001）主张建立成本内化的可持续发展模式，具体而言，就是将资源和环境要素纳入整个经济系统，并将原工业经济系统运行中形成的外部成本内化，从而创造一个更加经济的生产力发展模式。诸大建等（2000）主张循环经济模式，其所提出的 C 模式否定了我国以往高消耗、高排放的强物质化 A 模式以及西方经济与环境脱钩的减物质化 B 模式，更加强调从我国实际国情出发实现资源高效利用和生态保护最大化。陆钟武（2003）提出的“穿越环境高山”理论指出，发达国家为了经济发展而“翻越”环境高山，已经造成了沉重的生态代价，发展中国家应当“穿越”环境高山，以避开环境污染最严重的阶段。在国际上，低碳经济思想起源于各个国家在全球气候变暖的背景下就应对气候问题而达成的一系列共识，部分发达国家已向低碳经济转型，而我国作为发展中国家，也应当展现大国担当，采取多样性的低碳经济发展模式，包括发展低碳产业、建设低碳城市、发展低碳技术以及通过生态环境控制的方式建设低碳经济等。

（3）可持续发展战略研究。可持续发展战略是指当前的发展要保证人口、资源、经济、生态和环境等要素协调发展并保持良性循环，以确保当前的经济增长不会牺牲未来几代人需求的全局性部署，其涉及的范围广、领域多，是系统全面的战略理论体系。《中国 21 世纪议程》作为国家级行动纲领，确立了我国 21 世纪可持续发展的总体框架，包括了社会、经济、资源、环境四大方面。中国科学院发布的《中国可持续发展战略报告》，则围绕两条主线构建出了包括生存支持系统、发展支持系统、环境支持系统、社会支持系统和智力支持系统多个维度在内的中国可持续发展战略结构体系，使可持续发展战略更加系统和完善。除此以外，可持续发展战略也涵盖了对各类政策的研究，如对绿色循环产业的鼓励和推动、通过税收优惠鼓励生产者采取环保性生产行为、消除贫困等。

3. 可持续发展理论的本土化诠释

我国学者在不断的经济实践中，对可持续发展概念进行了深入的本土化诠释并形成了多元的理论视角。刘培哲（1994）将可持续发展定义为能动调控自然、经济和社会复合系统以实现三者协同发展、协调平衡，来实现促进经济发展和保持资源永续。路子愚（1995）定义了人类资源利用圈，并指出该利用圈将随着人类需求增加而扩大，因此在人类需求圈增长的过程中，要格外注重为将来持续圈的增长留出空间，以保证未来持续圈可以扩大。王军（1997）强调自然、经济和社会三个系统的辩证关系，指出生态持续是基础、经济持续是手段，而社会持续是整个可持续发展的目的，三者缺一不可，共同构成可持续发展的有机整体。

在理论发展的同时，我国的可持续发展实践也在过去几十年间取得了显著成效。特别是随着“绿水青山就是金山银山”理念的提出，生态环境保护在国家战略层面上的地位更为重要。当前，我国已逐步建立起较为完善的环境法律体系，为生态环境保护提供了坚实的法律保障，规范了各类经济活动对环境的影响，约束了破坏环境的行为。同时，清洁能源产业的发展减少了对传统化石能源的依赖，推动了产业结构的清洁化、低碳化转型，有效缓解了能源供应压力和环境保护压力。此外，我国在全球气候治理当中提出的一系列方案和举措也彰显出我国在可持续发展理论创新方面的国际影响力，为全球可持续发展贡献了中国智慧和中国力量。

农村地区的生态环境保护是可持续发展理论在实践当中的重要应用，特别是在当前乡村振兴战略实施的背景下，我们更应该注重在不破坏农村地区原有良好生态的前提下发展文化产业、旅游产业和现代农业等，充分考虑人与自然协调共生。具体来说，我们可以使用绿色化肥和绿色农药，发展种植园等综合性农业，在开发旅游项目的过程中避开生态脆弱地区，建立起保护生态的规则和机制，防止游客过载对当地生态的不利影响，平衡好生态保护和经济发展的关系等。

（三）体验经济理论对乡村文旅产品设计的启示

体验经济理论自诞生后就引发了学界广泛关注与深入研究，标志着经济发展模式和消费者需求偏好的重大转变。在当下，乡村文旅产业蓬勃发展，理解和把握体验经济理论的内涵对于文旅产品的开发设计具有重要意义。

1. 体验经济理论的内涵与发展

体验经济理论的起源可追溯到 20 世纪 70 年代。1970 年美国学者阿尔文·托夫勒在《未来的冲击》一书中首次提出了“体验经济”的概念。他指出，社会将在技术推动下向着体验生产的方向发展，体验工业将成为超工业化的支柱之一，将会使消费者在实施购买行为的同时获得产品服务和难忘的体验经历。20 世纪 90 年代，派恩和吉尔摩在《体验经济》一书中对体验经济进行了阐释，他们认为体验经济以企业服务为平台，以商品为道具创造满足消费者身心体验并使其融入其中的活动。由此可见，体验经济理论更加注重消费者的核心地位，企业扮演的角色从商品和服务的提供者，延伸到体验的策划者，从而为消费者创造足够丰富且有价值的体验，以留下难忘的记忆。从商品价值递增的规律来看，“产品—商品—服务—体验”是经济价值递进并不断向消费者的购买欲望靠近的过程。因此，体验经济本质上就是通过创造消费体验，满足消费者精神需求，以实现经济价值的新经济形式。由此可见，体验经济实际上突出了消费主体的中心地位，强调要把握和满足消费者的人性化、个性化服务需求。派恩和吉尔摩还将旅游体验划分为娱乐、教育、审美、逃避现实四个方面，而最丰富的体验往往是融合了四个方面后的多层次体验。施密特（1999）从市场营销角度将体验划分为感觉、感受、思维、行动和关系五种类型，强调了品牌营销离不开消费者内在的情感和身体体验。在此之外，还有诸多学者在已有理论的基础上进一步细化了旅游体验的维度，但总体而言，这些划分维度都介于主观心理感受和具体实际感受之间，具有一定的共通性。

体验经济在旅游方面的应用同样引起了学者的诸多关注。埃利斯（2008）引入了娱乐体验模型，他指出，旅游体验需要同时关注技术表现和艺术表现，并通过科学技术赋能来提升旅游体验的价值。此外，也有学者探讨了旅游体验创新的发力点，指出需要结合数字技术，实现旅游基础设施向独特旅游景点的转变，并且利用数字技术拓展旅游空间，同时为游客提供记录和分享体验的互动平台（斯塔夏克，2013）。除了现代技术在旅游体验上的应用，学界对于旅游消费行为也有所研究，摩根（2009）认为，在体验经济时代，影响消费者决策的重点已经从理性因素转向感性因素，相比起满足基本需求而言，消费者更希望通过体验实现内心深层次的愿望。威廉姆斯（2006）认为，游客在体验经济中通过消费完成了自我表达，有利于创造身份认同感和归属感。苏万托拉（2018）指出，旅游不仅是游客进入目的地物理空间的行为，还是他们根据自身需求从中构建体验空间的完整过程。也就是说，游客在体验旅游中的角色不是被动的消费者，而是积极的参与者。

我国学者从 20 世纪末开始广泛关注体验经济理论的相关问题。大部分学者认为，体验经济是一种必然的发展趋势，肯定了体验经济对各行业的拉动作用，并较早将其运用于旅游开发研究。许多学者对体验经济中的旅游营销策略进行了研究。白翠玲（2005）指出，旅游营销在体验经济背景下特征突出，具体包括以消费者体验为中心、以社会文化为导向、以情感营销为支点和以品牌营销为载体，并据此建立了旅游体验的营销模型。胡月英（2007）基于体验经济提出了营销创新路径，从营销理念、产品开发等角度提出具体的对策，来提升营销整体水平。此外，旅游产品开发也是关注的重点。黄平芳（2008）指出，体验经济下，文化旅游产品的开发取向主要包括设计独特主题和生动项目以及营造真实的体验氛围。高爱颖（2013）认为文化旅游产品开发需要满足体验经济时代的新要求，深度挖掘当地特色以适应游客需求的变化，开发具有参与性、体验性的特色旅游产品。服务效能提升也是体验经济的重要话题，刘又堂（2005）认为，应该从提升消费者参与意识、引起共鸣和创造经历三个方面提供个性化旅游服务。在旅游消费特征趋势的研究中，董亚娟（2009）指出，在体验经济背景下，旅游消费内容更加定制化，消费者更倾向于消费互动参与式的旅游产品；安娃（2019）则认为消费者更加关注文旅产品异质性和文化内涵，更加希望能够在旅游过程中获得物质和精神的双重效益。

2. 体验经济的特征

体验经济与传统经济形态的显著区别之一在于，在这一模式下，企业生产的核心不再是生产可触摸的实体性产品，而是为消费者提供美好的体验，这种体验可能会依托产品的使用，但更多地承载于某些特殊的活动、经历或者氛围中。这种体验感在文旅产业中屡见不鲜。例如，消费者参与了某种手工艺制作活动，在获得自己手工制作的实体工艺品的同时，也享受到了制作过程所带来的情感满足。体验经济的生产周期也与传统经济有所不同，它同消费者的体验过程紧密相连，一旦消费者的体验经历结束，产品的生产周期也就画上了句号。同时，体验经济相对具有更高的经济增长潜力，能够带来更多经济效益，因为消费者往往愿意为了通过自身体验获得的产品支付更高的价格。例如，在很多农村地区发展出的采摘体验项目中，消费者采摘的农产品价格通常比市场价更高，这部分价格实际上是消费者对自己的体验进行的付费，是消费者支付给采摘过程中额外获得的精神性价值。此外，体验经济也格外重视消费者的积极参与和情感共鸣，通过体验项目实现和消费者的深度沟通，让消费者融入体验项目中以获得满足。品牌塑造是体验经济的另一重要特征，品牌 IP 化可以使消费者将品牌和特定体验深度连接起来，有助于企业在市场中提高自身的竞争力和吸引力。

3. 体验经济与当下消费趋势的关联

体验经济理论强调消费者对体验的要求，“Z 世代”的群体偏好恰为文旅体验游戏化理论提供了切入点。“Z 世代”在数字化环境中成长，他们不再满足传统旅游，更希望成为多元素体验的主角。例如，剧情杀的强叙事手法、沉浸式剧场的多感官体验，就恰好符合他们对独特体验和自我表达的追求，这构成了文旅体验游戏化需求的基础。从业人员将游戏设计元素融入文旅，使游客成为主动参与者，丰富了体验经济理论的内涵。例如，在历史文化旅游街区设计的“剧本杀＋寻宝”活动，设定的规则、目标和奖励将文化体验从静态转换为动态。这样的文旅融合方式准确响应了当前个性化、社交化、数字化的消费趋势，根据“Z 世代”的兴趣标签定制个性化的主题体验，让游戏化体验的互动、打卡、社交传播内容形成“体验—共享—流入”的闭环。这一类策划方式借助虚拟现实、增强现实等技术，实现线上线下的融合，符合“Z 世代”的生活方式和个性特点。

在实践中，文旅产业可以挖掘文化 IP 转型游戏化场景，构建线上线下生态，培养多领域人才。这样，再结合“Z 世代”偏好的文旅体验游戏化理论及其实践，可以让体验经济为文旅产业注入活力，对接当下最新的消费趋势，推动产业从旅游经济升级为深度体验经济，让“Z 世代”收获独特的文旅记忆。

第三章

乡村振兴背景下文旅融合的发展现状与问题分析

乡村的全面振兴，是实现农业农村现代化、推进城乡融合发展、加快全面建设社会主义现代化强国的基础性工程，乡村文化振兴是该战略的核心内容之一，是支撑乡村社会可持续发展、凝聚精神力量的重要路径。党的十九大明确提出实施乡村振兴战略，全国各地积极响应，并结合地方实际推进制度创新与模式探索，呈现出多层次、多样态的发展格局。乡村振兴不仅关乎“三农”工作的战略提升，更是中华民族伟大复兴的重要基石。随着乡村振兴战略的深入实施，文旅融合已在全国范围内快速推进，一大批涵盖特色民宿、传统节庆、农业体验等多个领域的融合项目应运而生。这些项目不仅拓宽了农民增收渠道，也为乡村经济注入了新动能。目前，乡村旅游已从早期以观光为主的单一模式，逐步转变为集休闲、体验、教育、康养等功能于一体的综合性产业形态，在带动农村经济增长、优化产业结构、促进城乡要素流动等方面发挥着显著作用。

我国乡村文旅资源具有丰富性、区域差异性和文化独特性，具备开展多样化融合发展的基础优势。然而，目前乡村文旅产业融合程度还有所不足，服务体系建设滞后、区域发展不平衡等问题依旧突出，妨碍了乡村文化振兴的深入推进。一方面，多地乡村旅游项目在设计和运营时存在内容相似、形式相近的同质化问题，缺少对本土文化的深入挖掘与呈现，影响了旅游吸引力和文化深度。另一方面，部分地区在推动文旅项目落地时过于急切，没有进行系统规划和长远考虑，忽视了生态环境保护、基础设施配套和社区可持续参与等问题，致使资源浪费、环境退化等现象频繁发生。从实践角度看，“文化＋旅游”的多元融合路径在产业结构重构、资源整合利用和文化价值引导等方面呈现出良好的契合性。文旅融合能够唤醒和再生乡土文化，也能推动农村资源的市场化转化，能够为推动地方特色产业发展和提升农村文化软实力提供现实途径；唯有在战略引导、文化重构与生态保障等方面形成合理的协同机制，乡村旅游业才能实现从量的扩张到质的提升的转变，为乡村文化振兴的系统推进提供坚实支撑。

一、我国乡村文旅融合发展的现状

我国乡村文旅融合发展已进入政策驱动与市场活力并行的新阶段。各地依托《“十四五”旅游业发展规划》以及乡村振兴战略的系统布局，逐步推进政策引导、资金扶持和基础设施优化，形成了以农耕文化、非物质文化遗产资源、传统村落为核心的多元化发展格局。截至 2024 年，全国累计建成 1953 个中国美丽休闲乡村和 1597 个全国乡村旅游重点村镇，覆盖从藏羌文化、客家文化到渔家文化等许多特色鲜明的区域，乡村旅游显示出强劲的市场竞争力。在政策层面，中央一号文件连续多年强调文旅融合的重要性，2024 年明确提出构建现代乡村产业体系，实施乡村旅游集聚区建设，并配套用地分类管理、财政奖补等专项政策。在业态发展方面，乡村文旅已突破传统观光形式，逐步向沉浸式体验进行升级，如浙江莫干山的精品民宿经济、陕西宁强县的“羌风汉韵”文化节庆等，广东清远的“和秧合社”项目更是融合了田园观光、农科研学和数字管理的一体化运营。然而，文旅融合的发展过程中也面临产品同质化、基础设施滞后及专业人才短缺等挑战，部分地区仍存在产业链条短、淡旺季明显等问题。未来，我们须进一步依托政策支持、科技赋能和资源整合，推动乡村文旅向品质化、智慧化方向持续升级。

（一）政策支持及战略定位

1. 国家层面政策体系

在乡村振兴战略全面推进过程中，国家层面构建起了一套系统的政策支持体系，不断促使文旅融合与乡村发展紧密结合。这一系列政策体系有系统性强、协同性高和执行路径清晰的特性，为推动乡村文旅融合发展奠定了坚实的制度基础，提供了发展空间。自 2018 年《中共中央、国务院关于实施乡村振兴战略的意见》提出推动农村一二三产业融合发展以来，“文旅融合”“文化赋能”“旅游兴村”等成为国家战略部署里的高频关键词。2021 年发布的《“十四五”文化和旅游发展规划》明确表示，要加快推进乡村文旅融合发展，推动文化和旅游资源向乡村延伸，打造乡村文化旅游精品线路以及重点村镇，构建乡村产业融合发展的新格局；同年出台的《中华人民共和国乡村振兴促进法》作为首部聚焦乡村振兴的专门法律，也从制度层面保障文旅产业的融合发展，提出要发展乡村特色文化产业、推进农村休闲旅游发展、鼓励创意农业与文化创意产业融合，确立文旅作为乡村振兴关键支点的政策地位。文化和旅游部与国家发展改革委、农业农村部等多个部门联合发布的《乡村旅游重点村名录》《全国乡村旅游重点镇名录》等，明确了遴选与扶持对象，鼓励各地根据自身情况开展文旅融合实践。农业农村部借助推动“休闲农业和乡村旅游示范县”“中国美丽休闲乡村”等评选活动，引导乡村文旅产业朝着规范化、品牌化方向发展。国家发展改革委发布的《“十四五”推进农业农村现代化规划》中提出，要以数字赋能、文旅融合、绿色发展为方向，优化农业与文旅融合的空间布局以及资源配置。

在要素保障方面，国家循序渐进地完善土地、金融以及人才等支持机制，以此为乡村文旅融合提供基础支撑。针对农村土地政策，我国相继出台了《关于保障农村一二三产业融合发展用地的意见》《关于支持旅游业发展用地政策的通知》等文件，明确将文旅设施建设纳入农村建设用地范畴，释放农村文旅发展空间。在金融支持领域，我国发布了《乡村旅游投融资指南》《农村一二三产业融合发展投融资模式典型案例》，促使金融资源精准投入到文旅融合重点项目当中。在人才培养层面，国家借助“文化和旅游人才培训计划”“乡村文旅带头人培养工程”等，系统培育有文化创意、旅游运营和农村实践能力的复合型人才队伍。

2. 地方政策的响应

在国家层面政策体系的引导作用下，各地政府积极响应国家政策号召，依据本地资源禀赋、产业基础、发展阶段的实际情况，逐渐形成了带有地域特色的文旅融合推进机制及创新路径。地方政策在落实国家顶层设计工作的过程中，呈现出了较强的主动性以及差异化创新能力，具体体现为政策落地精准、治理机制多元化以及产业融合方式多样化等，促使乡村文旅融合从简单的覆盖向更深层次的联动方向发展。

地方政府大多构建起了以“乡村文旅融合”为核心导向的专项发展政策体系，凭借出台发展规划、设立专项资金以及制定扶持政策，为乡村文旅项目提供政策保障。例如，江苏、浙江等经济较为发达的省份率先把文旅融合归入乡村振兴的总体战略之中。浙江省在“千村示范、万村整治”工程的基础上，推进“未来乡村”“共富工坊”等实践项目，将数字文旅、文化创意、乡土艺术等诸多要素深入融入乡村发展体系，带动文化产业链、休闲旅游链以及农业产业链融合发展。浙江杭州径山村的“数字孪生村落”依托前沿数字技术，构建出虚实相生的农村文旅新场景；借助虚拟现实技术，将传统农耕场景 1 ∶ 1 数字化还原，再现了犁地、播种、灌溉、收获的完整过程，让游客即使身在千里之外，也可以通过虚拟现实设备和手机端应用程序远程进行沉浸式体验，在虚拟现实技术的帮助下参与农事，打破了时间和空间的限制。在数字孪生技术的作用下，径山村将现实村落中所有的建筑、农田和溪流都转换为可互动的数字模式，这不仅为游客提供了沉浸式游览体验，也为村落管理提供了准确的数据支撑。村内旅游服务、生态保护、产业发展等业务，都可以基于数字孪生系统进行智能规划和动态调节。此种创新模式收益显著，2023 年径山村集体收入实现 40% 的高速增长，这说明数字技术已经成为乡村振兴的强大引擎。径山村还靠数字孪生技术拓展了“数字文旅 + 农创电商”的融合发展模式。游客可以在虚拟体验农耕的同时，线上一键购买具有径山特色的农产品和文创；同时，在供给端的村民也可以通过数字平台来实时了解市场需求，精准对接消费端。浙江的“未来乡村”概念采用数字技术激活了农村发展潜力，为全国乡村振兴提供了可借鉴的“浙江方案”，展现了数字时代农村发展的无限可能。

四川、贵州等西部地区则更侧重于民族文化与自然资源的整合。这些地区出台了《特色文旅小镇创建导则》《少数民族特色村寨保护发展规划》等地方性法规，促进乡村文化旅游与生态保护、非物质文化遗产传承、民俗体验相结合，提高文旅融合的文化深度及产业黏性。各地在具体实践过程中持续探索机制创新，以提升政策执行效能。

在我国各地都存在乡村文旅融合机制创新探索的生动实践。山东、湖南等地建立了“文旅＋”融合发展的联席会议制度，达成农业、文化、旅游、发改、生态等多个部门的协同推进，有效解决了政策执行碎片化、部门协调障碍等问题；福建、江西等地积极探寻村集体、文旅公司、农户的联营模式，采取股权合作、利益分红等机制，保障农民在文旅融合发展中能够获得红利，提高农村主体的参与感和获得感。还有一些地区在财税支持、金融服务、用地审批等方面开展了制度试点。例如，云南省出台了专项融资贴息政策来支持乡村旅游的基础设施建设；重庆市实施了文化和旅游用地联审联批机制，压缩审批流程，提高项目落地效率。

与此同时，地方政策强调与数字技术相融合，通过制订数字文旅发展规划这一方式，积极推动了智慧导览、乡村文创、在线营销等新的业态不断发展。例如，北京延庆、浙江安吉、广东清远等地区构建的数字乡村旅游平台，将村落资源、交通信息、导游服务以及线上销售进行整合，达成乡村旅游资源实现可视化、可交易化以及可调度化的目标，以此提升乡村旅游的综合竞争力。部分区域还关注文旅融合与公共服务的衔接，在基础设施建设、公共文化服务体系建设等方面进行投入，促进了乡村文旅的发展，持续优化人居环境，并持续营造文化氛围。

3. 乡村振兴战略中文旅融合的定位

乡村在国民经济及社会发展格局中处于基础性位置，其深厚的文化沉淀、多样的生态资源和独特的地域特征形成了巨大的发展潜力。乡村振兴战略下的文旅融合，不只是推动产业联动的实际行动，更是激活文化资源、重新构建乡村社会结构、促进城乡融合发展的系统工程。在新时代背景下，文旅融合已从单一经济模式转变为兼具经济效益、文化价值以及社会功能的多元发展体系，是达成乡村“产业强、生态美、文化兴、百姓富”的关键支撑。典型的“文旅村”“网红村”“田园综合体”等模式已经被广泛推广，促使城乡资源要素重新配置；融合型乡村则坐拥独特的自然风貌和人文底蕴，积极挖掘乡愁记忆以及生态价值，打造有文化感召力的旅游产品，回应城市居民对自然、生态、文化体验的深层需求。《中国旅游报》数据显示，截至2024年，全国已建成1399个国家级乡村旅游重点村、198个乡村旅游重点镇，省级重点村镇超过6000个，文旅融合在乡村经济中所占份额越来越多。“十四五”规划中，乡村旅游发展进入提质增效的新阶段，文旅融合持续推动城乡产业联动与要素双向流动。旅游业给农村地区带来消费人口和资本的流入，催生就业岗位，推动了农村三产融合以及新型农业经营主体发展。乡村旅游依靠地方文化与生态资源，实现从传统农业向现代农业、生态农业的转化升级，为乡村产业结构调整提供了现实路径。在这期间，农民将逐渐转为文旅产业的参与者与受益者，文旅融合将会成为拓宽农民增收渠道、促进乡村社会活力的关键机制。

文旅融合日益成为激发乡村文化自信、重塑乡村文化形象的关键载体。乡村振兴战略强调“文化振兴”在五大振兴里的基础性作用，文化被清晰认定为乡村可持续发展的灵魂所在。文旅融合借助对传统农耕文化、民俗节庆、乡土艺术等各类资源展开系统性整理以及创意化再现，让沉睡的乡村文化资源得以有机唤醒。农业种植园不单单是农产品生产基地，它们还被开发成了农业文化体验区，生态采摘、农事研学等项目在城乡互动中起到了桥梁作用，民间工艺、非物质文化遗产技艺、传统节庆活动则转化为旅游核心吸引力，推动文化的活态传承及价值转化。在市场机制和政策推动驱动下，文化资源的开发与利用对文化遗产的保护与创新起到了反哺作用。乡村凭借设立传统手工艺工作坊、开发带有地域符号的文创产品，达成“文化＋产业”的双重提升路径，使村民收入得到增长，也构建起了文化再生产与市场需求之间的良性循环。例如，地方政府支持下的“村

BA”“村超”等本地化活动，使乡村文化得以突破地域界限，获得更为广泛的社会关注以及经济回报，成为乡村文旅融合的新亮点。在政策层面，乡村振兴战略持续为文旅融合指明方向。自从党的十九届五中全会提出推动文化和旅游融合发展，中央与地方政府陆续出台《“十四五”旅游业发展规划》《关于推进文化和旅游高质量发展的意见》等关键文件，明确把文化和旅游融合发展当作促进乡村全面振兴、实现共同富裕的有效办法。党的二十大报告提出了“坚持以文塑旅、以旅彰文，推进文化和旅游深度融合发展”的发展理念，明确文化振兴与产业振兴的联动路径，为乡村文旅融合在战略定位上提供明确指引及制度保障。

（二）代表性实践成果展示

当前我国乡村振兴战略不断深化，文旅融合呈现出鲜明的区域发展格局与多样化的实践模式。由于我国疆域广大，资源辽阔，各地区在经济基础、文化资源、自然禀赋、社会结构等方面存在显著差异，形成因地制宜、富有特色的发展路径，助推文旅融合由“点上突破”走向“面上铺开”。我国乡村文旅融合发展的区域格局呈现出显著的空间分异与多元模式并存的态势，其核心特征体现为“东聚西散、南密北疏”的总体分布形态与因地制宜的特色发展路径交织。从宏观空间布局来看，乡村文旅资源与产业要素高度集聚于胡焕庸线东南侧，形成了以长三角、京津冀为增长极，长江与黄河为发展轴线，闽东南、黑吉、川渝等为次级核心区的多层级网络。东部地区具有经济基础雄厚、消费市场活跃的优势，并有数字技术赋能，因此得以率先实现业态升级。浙江乌镇通过“一价全包精品民宿度假模式”，将传统村落向高端休闲目的地转型，西南地区则凭借民族文化与生态资源的双重资源，形成以贵州“村超”为代表的文体旅融合新范式，通过直播带货与短视频传播激活传统非物质文化遗产资源。中东部接合部的皖浙闽交界地带则跨区域联盟整合农耕文化资源，如安徽省西递宏村联合浙江松阳打造江南古村落群品牌，实现景区联动与客源共享。

在特色模式创新方面，区域差异化发展的路径越发凸显。东部沿海地区以“科技＋文旅”为主导，如广东实施的“百千万工程”。在2025年“五一”假期，广东乡村旅游点接待量同比增长15.5%，其中深圳大鹏新区通过虚拟现实技术复原客家围屋生活场景，让游客得以沉浸式体验侨乡文化。西南山区也存在对于生态资本化路径的探索，云南依托“一部手机游云南”平台，构建出了智慧旅游体系，将哈尼梯田的农耕系统转化为研学旅行载体。北方地区则着手于历史文化资源活化，山西平遥结合晋商文化开发实景演艺《又见平遥》，带动周边20余个村庄发展民宿集群。在区域创新的特色模式中，县域单元成为乡村文旅融合模式创新的重要载体。江苏扬州通过多规融合手段，统筹乡村文旅空间布局，将高邮湖湿地与邵伯古镇联动开发，形成“运河文化走廊”；陕西袁家村则以合作社和农户的合作模式，重构了关中民俗体验，实现年游客量突破600万人次的目标。区域协同机制的深化，进一步强化了各地文旅融合的发展格局。长三角的江南水乡特色旅游线路整合了沪苏浙皖四地资源，2025年联合推出了数字文旅消费券，推动客源市场一体化；粤港澳大湾区则借助“一程多站”政策，将我国香港的迪士尼乐园与惠州的罗浮山中医药基地联系起来，形成跨境康养旅游产品链。中西部地区则以流域经济为纽带，长江中游城市群依托“千里湘江”生态廊道建设，打造岳阳张谷英村与长沙铜官窑的文旅联动体系。成渝双城经济圈另辟蹊径，将三星堆青铜文化与重庆火锅美食结合，开发出了“古蜀探秘＋麻辣体验”主题旅游路线，带动了沿线农产品加工与物流产业升级。

数字技术的渗透使各地区文旅融合水平存在一定差异。东部地区率先将数字化乡村代入实践进程，如浙江莫干山民宿通过区块链技术实现房源共享与收益分配，农户参与度提升至75%，实现了农村主体的高度参与；西部地区则通过卫星遥感与GIS系统来优化生态承载力评估，如西藏林芝的桃花节靠大数据精准调控游客流量，将生态敏感区的游客接待量控制在环境可承受阈值内。数字技术的应用，不仅打破了产业边界，更催生出了虚实结合的旅游体验。福建土楼更是引入了元宇宙技术，游客可通过增强现实眼镜观看客家迁徙史的全息影像，使静态建筑转化为动态的互动场景。

（三）不同类型乡村文旅融合的典型案例分析

1. 古镇型乡村

古镇型乡村是以传统聚落形态为基础，兼具历史、文化、经济等多重功能的特殊地域单元。古镇乡村文旅融合的核心特征在于“古”与“镇”的结合。古镇一方面承载着深厚的历史文化积淀，另一方面在历史上曾作为区域性经济或政治中心发挥作用。从形成机制来看，古镇最早可追溯至唐代的军事戍边据点，历史演进使古镇型乡村既不同于以血缘为纽带的古村落，也区别于以行政功能为主的古城。古镇的本质是“乡村都市化”的产物，体现出自发形成的经济社会空间特征。从功能属性来分析，古镇型乡村具有复合性特征。在物质层面，古镇的空间布局往往围绕商业活动展开，临水型古镇依托码头形成商贸网络，如乌镇的水道与商号；山地型古镇则依托茶马古道等商路发展。在文化层面，古镇融合天南海北的多元文化，形成以诚信、义气等商业伦理为核心的精神特质。从古镇类型划分来看，学界存在多维分类体系：按地理形态可分为水乡型（如浙东北乌镇）、山地型（如皖南宏村）和平原型；按功能可分为商贸型（如周庄）、军事型（如碉楼林立的开平）；按文化内涵又可分为民族型（如丽江）、革命纪念型等。

陕西袁家村作为古镇型乡村文旅融合的典范，其发展历程与模式创新为我国乡村振兴提供了极具参考价值的实践经验。袁家村原本是咸阳市礼泉县的一个贫困空心村，2007 年仅有 62 户村民和 630 亩耕地，但当地跳出传统古镇依赖历史遗迹的竞争框架，转而聚焦关中民俗文化的活态呈现，成功塑造了“关中第一村”的品牌形象。该村以“无中生有”的创造性思维，将石板街道、合院建筑、土地庙等乡土符号融入明清街巷格局的复原中，构建出沉浸式的时空穿越场景，同时精准捕捉城市居民的乡愁消费需求，设计“前店后厂”的体验模式：游客在康庄老街不仅能观看油坊榨油、醋坊发酵等传统工艺，还能即时购买臊子面、锅盔等现制小吃。袁家村以文旅服务的第三产业带动加工制造第二产业、反哺农业生产第一产业的产业链模式，使袁家村年接待游客突破 600 万人次，旅游收入逾 10 亿元，更衍生出“袁家村”农产品品牌，采取电商渠道将手工醋、油泼辣子等标准化产品推向全国，并联动周边村庄建立绿色种植基地，形成从农田到餐桌的完整供应链。此外，基于乡土社会关系的自治管理体系在文旅融合的商业化进程中也发挥关键作用。村民组成监督委员会每日巡查商户，严格执行“零添加剂”标准和末位淘汰制，规章制度主要凭靠熟人社会的道德约束而非法律契约，塑造出了“食品安全净土”的独特信誉。当地文旅监督部门传统伦理与现代管理结合的模式，不仅降低了运营成本，更强化了社区凝聚力。在文化传承层面，袁家村突破了静态展示的局限，通过非物质文化遗产生产性保护与当代创意的转化，实现了活态传承。在袁家村，皮影戏、社火表演等 20 余项非物质文化遗产技艺被嵌入游客动线，老油坊的独特榨油体验使消费者在线上进行复购，传统织锦“西兰卡普”经青年创客改造，成为售价 500 元的时尚背包。当地节庆 IP 的打造进一步放大文化影响力，“袁家村春晚”“关中民俗文化节”等活动借助短视频直播获得超过 10 亿次曝光，而酒吧街、文创街引入的大学生创客则将关中元素与现代设计融合，吸引了年轻消费群体，使乡土文化摆脱了“博物馆标本”的困境，转化为可持续的经济价值。

乡村振兴绝非简单模仿城市商业逻辑，而是要在文化传承、经济增益与社区治理间找到动态平衡。袁家村的实践揭示古镇型乡村文旅融合需根植“小而深”的地域文化基因，依赖乡土网络实现低成本自治。当前古镇型乡村面临的核心矛盾在于保护与发展的不平衡，普遍存在“古镇不古”现象，表现为现代建筑对传统风貌的侵蚀、原居民外迁导致文化空心化以及商业化过度引发同质化等问题。对此，学界提出差异化保护策略：一是强化“原真性”，既要保护青石板路、马头墙等物质载体，也需传承庙会、手工艺等非物质文化；二是探索文产联动模式，如浙江文成古镇将刘基文化与旅游结合，形成“文化 IP+ 产业”的活化路径；三是创新治理机制，实现保护与开发的良性循环。

古镇型乡村的存续价值在于其作为“活态文化遗产”的不可替代性。它不仅是建筑群落的物质存在，更是传统商业伦理、地域文化记忆和民间智慧的承载空间。唯有在保护中激活古镇型乡村的内生动力，才能真正实现“望得见山水、记得住乡愁”的可持续发展。

2. 山区型乡村

山区型乡村文旅融合是指在山区乡村地区，通过整合农业、文化、旅游等资源，推动农业与旅游业的深度融合，以实现乡村振兴和经济发展的模式。山区型乡村文旅融合模式依靠山区特有的自然景观以及文化资源，创新旅游产品以及服务，促进乡村经济转型以及可持续发展。这种融合模式强调农业、文化与旅游资源的整合，形成别具一格的乡村旅游产品。山区型乡村文旅融合的核心特性在于依托山地自然赋予的条件以及乡土文化资源，开展“农业＋文化＋旅游”的产业联动方式，突破传统发展中遇到的阻碍，实现生态价值转化与社区可持续发展。

徐州铜山区借助非物质文化遗产赋予能量，对村民闲置的院落进行改造，打造出有特色的空间，形成文旅融合的新形式。紫山艺术村盘活了 43 处闲置院落，举办非物质文化遗产市集和艺术嘉年华，仅在 2024 年“五一”假期就吸引了游客 4 万人次，并且实现了百万元级别的旅游收入。伊庄茶博园以沉浸式茶文化体验作为核心，延伸种植、加工、研学与康养等产业链，直接带动家庭就业。柳泉镇北村则是把废弃矿坑改造成渔村主题公园，凭借生态修复与节庆经济相互联动，每年接待游客 50 万人次，带动特色农产品销售超过 3500 万元。湖南浏阳梅田湖村通过公司、村庄、农户的合作，整合了 500 亩农田以及闲置房屋，开发了四季农耕研学课程。田湖村成功的根本原因，在于把村民房屋入股分红机制同创造本地化就业岗位结合起来，形成文旅发展回馈当地经济的闭环。

然而，山区文旅融合仍面临深层挑战，部分项目只是火爆项目的简单复制，导致竞争力逐渐弱化。反观浙江松阳的“共富工坊”，将党建引领延伸到手工业价值链中：红糖工坊结合民俗体验拓展了户外结婚登记场景；豆腐工坊开发出研学课程与主题餐饮，使传统技艺转化为现代消费符号，最终形成 112 家工坊集群，并实现人均月增收 2600 元。

突破同质化困境需强化乡村文化 IP 塑造的独特性与产业链延伸能力。基础设施滞后也会制约文旅体验质量，广西南宁马山县攀岩小镇曾因交通与污水处理设施不足影响客源，而邹城上九山古村却通过土地流转与政策扶持获得1100万元资金完成古宅修复，这印证了创新融资模式对硬件升级具有重要的支撑作用。

山区型乡村文旅融合的关键在于生态保护与开发强度的平衡。生态治理需要与产业开发形成正反馈，北村矿坑改造与伊庄茶博园的三产融合证明，环境修复不仅能提升景观价值，更能催生新型业态，最终形成可复制、可迭代的山区振兴范式。

3. 田园型乡村

田园型乡村文旅融合是把现代农业、休闲旅游以及田园社区整合在一起的综合发展形式，借助公司化、规范化、科技化的运作方式，达成农业和旅游、文化的深度融合。田园型乡村文旅融合的理论基础覆盖了农业、文化、旅游、社区多个方面的深度融合，强调回归自然、体验乡村生活及推动城乡互动。例如，无锡田园东方、浙江鲁家村、南川大观田园新城等实际案例就能说明，这些乡村虽然地域特点各不相同，却都借助系统性的资源整合以及创新举措，构建起“以农业为基础、以文化为灵魂、以旅游为媒介”的融合发展模式。

长三角核心区的无锡田园东方依靠阳山镇万亩桃林生态系统，在6246亩土地上构建起“三生三产”融合空间，打造农耕体验馆、自然教育基地等七大功能板块，将桃产业延伸至果酒酿造、文创及其衍生品开发领域，游客可参与采摘、酿造果酒等农事，还可以在桃林环绕的田园社区中感受乡土生活氛围。在这一进程中，政府、企业及农户构建起了紧密的协作关系。政府完善道路、水利等基础设施建设，企业积极引入资本来开发旅游项目，农户则借助流转土地、经营民宿以及销售农产品等方式获取多重收益。原本单一功能的农业产区，逐步演变成了集生产、休闲、居住等多种功能于一体的复合空间，既保留了桃园的生态基础，又为乡村增添了新的经济活力。

浙江鲁家村的转型则呈现出丘陵地带乡村别具一格的发展路径。当面对分散的山林以及水田资源时，当地借助统一规划，把18个家庭农场串联成主题清晰的观光环线，延续传统的竹产业以及畜牧养殖，还衍生出亲子研学、户外营地等新的经营业态。村民通过土地入股参与经营，可从中获取租金以及分红，还可在农场就业或者自主开展创业活动。这种“分散经营、统一管理”的模式，一方面保留了家庭农场的灵活性，另一方面借助规模化运营提高了整体的竞争力。村内标志性的观光小火车穿梭在山林之中，成为吸引游客的一个亮点，象征着传统农业朝着现代服务业的转变。

重庆南川的实践则诠释了城乡融合背景下的文化再生，当地在保护梯田景观以及古树茶园等生态资源的基础之上，把中医康养、非物质文化遗产手工艺等文化元素融入乡村空间，古老的民居被改造成中医馆和工坊，游客可体验药材采摘、茶艺制作等活动，传统技艺借此获得新的传承载体。农民以入股的形式参与康养社区建设，盘活了闲置资源，这又使村民从旁观者转变为共建者。这种凭借文化激活生态、依靠生态反哺社区的路径，给山区乡村的振兴提供了新的思路。

这些案例存在着一个共同之处，它们并非单纯地把城市旅游项目照搬到乡村，而是深入探寻乡土资源所蕴含的内在价值。桃林、竹园和梯田等不单单是生产资料的承载形式，还是文化记忆的一种承载容器。通过设计农耕体验、手工艺制作等各类活动，乡村的日常劳作得以转变为可知、可感、可参与的文化体验。通过构建合理的利益分配机制，村民从原本被动接受援助转变为主动参与发展进程，切实形成了“资源变资产、农民变主体”的局面。这种融合不仅提高了经济效益，还重塑了乡村的社会结构以及文化认同，使“田园”不再是落后的代名词，而是成为承载现代人乡愁的精神家园。

4. 少数民族聚集型乡村

我国少数民族聚集型乡村文旅融合的探索具有独特路径。贵州黎平肇兴侗寨作为侗族文化活态传承的典范，依托全国最大侗族村寨的聚落特征，在完整保留侗族干栏式建筑形制的基础上，改造现代民宿激活传统民居的商业价值，实现民宿集群带动旅游经济规模化发展。侗寨文化场景的构建以五大房族“团”的鼓楼体系为核心地标，将侗族大歌、芦笙舞等非物质文化遗产转化为沉浸式展演产品，同步延伸出银饰锻造、靛染工艺等手工艺产业链，验证传统建筑遗产在当代社会的可持续利用可能。吉林和龙光东村的朝鲜族农旅融合创新，揭示了民族文化与生态资源协同开发的有效路径。该村在保留朝鲜族传统民居建筑完整度的前提下，创新推出稻田认养、辣白菜工坊等参与性项目，将农耕文化转化为可消费的旅游产品。其文旅融合的创新性在于借助有机稻米种植的第一产业带动米酒酿造与食品加工的第二产业，并通过民宿运营与电商销售的第三产业实现价值倍增。同时，当地打造“金达莱花节”等节庆 IP，彰显民族文化符号在旅游市场中的品牌溢价效应。

二、我国乡村文旅融合发展面临的问题与挑战

（一）资源整合不强，协同发展低效

在文旅融合赋能乡村振兴的实践中，资源整合与协同发展的乏力是制约整体战略深入开展的重要问题。党的十八大以来，各级政府、企业均已意识到文化、旅游与农业、民生双领域融合发展带来的积极效应，但各种资源长期以来呈现出分散状态，各部门、各机构之间在信息传递、规划统筹和利益协调方面存在明显的差距，相关资源与协同发展始终未能形成强大合力，项目往往不能实现互联互通，这降低了乡村的文旅市场竞争力和文旅融合在推动乡村振兴战略中的整体效能。

资源整合不力有体制因素，也有利益因素、管理因素甚至历史遗留因素。在文旅融合的进程中，不少地方和企业缺乏统一规划、统一机制或规划较为分散，导致信息不畅的现象，这就造成各部门、各领域联动性差，只关注本地区和本领域的事，数据和信息不充分共享，导致本地旅游产业很难实现闭环运行，资源配置、资金使用、市场开拓等方面均难以实现联动。部分文旅项目则缺少创新意识和跨界协同理念，未能充分结合各自的优势和特色，在产品开发、宣传营销和服务体验等方面存在同质化和低水平重复问题，不仅造成当地整个文旅产业的不景气，更造成了地方经济效益低下的问题。这种多元利益主体很难在互动过程中形成完全的成功跨界合作模式，往往某一次成功的跨界合作也仅是具有不可复制的

禀赋，难以大面积推广和复制，资源整合也难以跨越区域和项目的边界而得到系统性改善，只能实现点状或项目形式的存在。

部分乡村地区信息基础设施较为落后，数据传输、处理和共享能力较低，导致区域内不同文旅资源的信息化管理难以达到预期效果；缺乏统一的信息平台导致各项资源整合难度较高、市场响应能力较弱、服务精准度不高，从而降低了整体协同发展速度。正因如此，各项文旅产品在开发和运营中，难以根据市场动态和消费者需求及时捕捉新变化，导致产品更新迭代速度慢，难以做到精准定位、细分市场。比如，山区发展乡村旅游时有少数民族歌舞表演等，但是这种表演常常欠缺新意，缺乏内涵，仅仅是作为旅游噱头，通常起到宣传引流的作用，很少有游客会因为对其感兴趣而去了解该地区的文化，大多是看过即忘。

进一步来看，现有的文旅融合以政府试点为主，区域内的资源整合缺乏外部关联，企业、社会组织、农民等参与主体能动性不足。以政府为主导，资源整合行为缺乏市场化运作，参与主体活力相对来说较为一般，合作渠道相对来说较为单一，信息共享和资源互通缺乏有效保障，效益也低于预期。跨区域、跨行业的协同发展机制尚处于形成初期，资源共享、优势互补等合作机制难以长效持续，跨区域、跨行业的产业网络和平台在实际运作中较为破碎、松散，难以适应产业升级和市场细分需求。民间资本和社会力量参与文旅融合的主体能动性尚且不足，民间资本参与主体缺乏激励保障，难以形成持续长效的合作机制；一些有潜力的文化和旅游项目容易因为缺乏资本、管理不善而无法长期运营，这也在一定程度上降低了整个区域内的资源协同效能。

以上种种因素共同导致的资源整合力量薄弱、协同发展效率不高的现象，是文旅融合赋能乡村振兴过程中必须解决的一大重点问题。这也是文旅融合过程中参与各方沟通协调不畅的体现，反映了相关体制机制不健全、管理方式欠科学、技术手段不够先进。除此之外，外部环境条件的变化、内在多元需求的出现、信息技术的更迭，都在促使传统资源整合与跨部门协调的运行模式的改革；但在实际运行过程中，相关内外部约束因素的叠加导致相关部门迟迟无法形成合力的现象屡见不鲜，这成为文旅融合战略推进中必须解决的一大难点。

同时，各级政府应积极完善文旅融合相关领域的政策法规和激励措施，引导社会资本参与乡村旅游的资源整合和智慧平台建设。例如，制订专项扶持计划，给予协同项目税收优惠、资金补助、用地等各方面的政策支持，创造良好的市场环境和政策空间，促进各类资源在政策激励下加速优势互补、互促共生的融合。同样地，我们也可以探索 PPP 模式的合作机制，为文旅融合建设增添新动力。国家发展改革委出台的《基础设施和公用事业特许经营管理办法》已于 2024 年 5 月正式实施，这为开展 PPP 模式提供了管理条例依据。这种政府引导、市场运作的模式，能够让文化、旅游、农业、科技等领域的多方资源在资本、技术和人才等方面有机结合，形成长效机制，持续助力乡村振兴。

（二）基础设施不全，资金投入不足

要发展乡村、振兴乡村，要建设完善的基础配套设施，构筑乡村地区在文化传承和旅游产品开发上的先发优势。从交通、水电、各种公共服务设施的覆盖面与现代化程度来看，许多乡村地区的基础设施建设长期处于滞后状态，许多区域均未能实现配套设施的系统性升级。国家统计局公布的数据显示，截至 2023 年年底，全国 87.6% 的村生活垃圾均集中处理；63.0% 的村生活污水集中处理或进行部分集中处理；近 30% 的农户没有卫生厕所，中西部村庄卫生厕所普及率总体较低；乡村的供水质量和稳定水平、农村电网供电能力、信息网络建设等较城市而言还有一定差距，医疗水平、交通、教育普及、养老等农村公共服务质量还有待提升。这些问题都将影响到游客对旅游地整体服务的感知与体验。以湖北、湖南等省份为例，不少具有浓厚历史文化沉淀与旅游开发潜力的村落，由于交通条件复杂、基础配套滞后，客流量在低位长期徘徊，其中一大原因就是基础设施投资不足，难以支撑提供高质量的旅游服务。

在文旅融合发展中，各类文旅产品的服务质量越来越成为吸引投资、进行市场化运营的资本要素，但资金不充足的现状使得乡村新建设施投入不足，对于已

有设施的升级改造和后期运营维护方面，也存在较大的资金缺口。在大多数情况下，乡村缺乏资金，往往只能维持现有老旧设施的运行，这导致基础设施和公共服务水平难以提升，使得乡村产业在数字化转型中举步维艰。乡村基础设施建设不完善，容易对乡村形象造成不利影响。不少乡村文旅项目在投入使用之初，就存在设备陈旧、功能不完善等问题，导致游客缺乏良好体验，无法产生口碑优势和持续消费。不少企业在投资决策中对乡村文旅项目盈利能力表示不看好。目前，针对乡村文化旅游业的民间资本投资占比小，且投资项目大多持续时间短、风险高，且回报率较低。

除个别经济发达地区能采取多元化渠道筹措资金进行弥补外，大多数乡村发展建设大多还是限于利用财政下拨资金，因此配套工程大多数属于应付性维修，缺乏长远性和持续性资金投入。一些部门在推进各类基础设施建设改造工程过程中，在盈利模式和风险规避方面缺乏盈利预期，导致很多私营企业不敢轻易进入，投资信心不足。即便是部分由政府主导、社会资本参与的 PPP 模式，很多企业面对盈利前景不明、市场波动的风险，依然不敢贸然进入，导致很多有潜力的文旅项目无法持续获得资金支持或无法正常进行市场化运作。长此以往，基础设施和建设资金的短板不仅会影响乡村旅游业、农业旅游业、农村文化产业的各个产业链条运行的流畅性、服务的含金量，而且会损害乡村振兴的内生动力。从短期来看，一些文旅融合有潜力的地方，由于基础设施不完善、建设资金严重匮乏等问题，最终旅游项目搁浅、发展经济和社会治理能力下降。这一长期得不到有效解决的瓶颈问题，最终会造成产品资源闲置与产业断层，导致当地市场竞争能力下降、旅游吸引力下降，形成恶性循环，弱化文旅产业的整体发展实力。

基础设施建设和资金投入不足，会影响乡村文化旅游产业链中各环节的运行效率和服务水平，也会影响乡村振兴的内生动力。从短期来看，由于基础设施较差、资金链断裂严重等问题，有些具备文化和旅游一体化发展潜力的地区无法推进旅游项目，反过来又会影响当地经济社会发展水平和社会治理水平。如果这一制约因素长期得不到解决，会带来资源空置、产业割裂、市场竞争力降低等负面后果，造成恶性循环，导致文化旅游综合实力下降。

城市旅游吸引资本投资多元化的现象已屡见不鲜，但广大乡村地区由于资源、技术和旅游管理等原因，在吸引投资、扩大规模方面无法与城市相比。乡村文化旅游市场尚未形成稳定盈利的商业模式，其商业价值、市场培育、抗风险能力存在较大的不确定性，商业运作和企业投资意识较为薄弱。政府在乡村振兴和文化旅游融合发展的政策制定上，具备较高的可信度与执行力；但政府运营的项目由于回报相对不明朗，需要想方设法吸引社会资本，建立市场导向模式。而改变长期以来“企业投资扶贫”的刻板观念，就要求政府利用财政资金和项目运营时，不仅要关注项目提供的公共服务，更要对项目盈利回报、产业未来盈利能力有科学的衡量。目前，乡村文化旅游在市场培育、数据统计、利润预测等方面还存在短板，无法使投资者对市场有信心，导致资金来源单一，项目运营长期存在较大风险隐患，成为制约文化旅游资源整合、全链开发的关键问题。

文旅融合基础设施建设不足与资金短缺是多个层面和多个方面的问题。当前，文化和旅游领域综合投资尚不能满足现代化服务体系的建设需求，许多文化和旅游资源得不到充分开发，无法实现预期增值和效应转化，使区域内文旅产品面临着品牌建设与市场竞争的劣势，阻碍未来产业链条的完善和产业集群的形成。资金问题还带来投入结构不合理、渠道结构单一、融资环境不稳定等问题，加剧了基础设施建设的滞后、公共服务能力的不足，形成内外部合作难以探索、文旅产品更新迭代缓慢的实际困境。在此背景下，乡村振兴整体的发展潜力必将长期面临制约，而参与主体在追求合作共赢的过程中，也需面临越来越大的不确定性与内部资源整合困难问题。如果不补齐这一短板，未来乡村文旅产业将难以摆脱品牌知名度不高、游客旅游体验不佳、经济效益低等风险隐患，从而影响整个文旅生态系统的良性发展。

（三）文化内涵挖掘不深与品牌塑造不足

在文旅融合促进乡村振兴的过程中，还有一个问题就是多数乡村景区建设仅依托文化资源，缺乏系统化、深层次的区域文化阐释和传承，乡村特色文化的内在价值难以外化为品牌形象。在很多地方的文化旅游开发中，只能看到一些民俗展示、一些古建筑等，只能听到一些当地的传说，但难以看到该地区如何起源发展以及当地人文形态的演变，难以形成具有独特韵味和内涵的标志性品牌。在江浙地区，不少景区的规划设计只是简单借鉴了一些典型的江南小镇，复制了黛瓦白墙、水乡等元素，忽视了当地真实的历史和独特的人文内涵，最终只能将江南水乡的乡土风情简单化甚至表面化，难以充分展现当地民风传说和工艺手艺，当地鲜活的文化符号成了廉价、容易复制的装饰品。每个乡镇都有其独特之处，本该拥有各自独特的民俗风情和底蕴，然而在追逐短期效应的商业逻辑下，经营人员只是进行大规模的简单复制，最终导致不同乡镇旅游的同质化，反而失去了当地文旅发展的个性与生机。单一模式的审美标准，也许在短时间内能够吸引游客的眼球，造成短期的轰动效应；但从长期看来，只能带来大同小异的模仿品，最终难以形成有特色、有深度的本地形象，导致旅游项目与其他旅游项目的雷同。“江南小镇”的特色招牌，带来的只是表面的光鲜亮丽，对于历史和地方特有的细节和感受却只能略去，无法给游客留下对地域文化和传统习俗的记忆与体验。江南小镇带给人的只是江南的表象，只有旅游同质化现象下的文化包装，对于游客来说，始终是缺乏深度和温度的，即便是在多元化的市场中，也无法带给游客足够的文化认同感和归属感。在长时间的运营下，对传统刻板印象的过分依赖会形成一种地域文化集体失语，在品牌竞争中容易造成个性化的降低，最终影响地方文化的活态传承，忽视保护传承工作的重要性，从而造成无法发挥其独特魅力的文化作品，使其在市场中缺乏号召力。正是这种蜻蜓点水式的开发，使文化品牌虽然经过精心包装呈现出某一地域特色，但会流于表面，既无法形成文化共识，也无法获得消费者对品牌核心价值的信任。

品牌培育过程中的宣传投入不足，还反映在乡村文旅在品牌塑造上缺乏持续性、系统性的建设规划及长效机制保障。一些地方和相关部门在推动文旅融合发展的过程中，在品牌化培育上还停留在指标完成、任务落实这种工程式的阶段，对文旅融合发展的品牌化建设缺乏系统性的长远规划，导致建设完成后的品牌化成果往往伴随着“蹭热度”和“赶热闹”的现象，在品牌建设和推广的过程中缺乏文化底蕴和内涵，在品牌塑造上缺乏品牌的内生动力。在品牌化培育过程中，有一些有潜力的乡村文旅示范区在品牌推广中存在理论与实践分离的问题，在旅游宣传资料中极力鼓吹的文化品牌元素和符号，与游客实际体验到的实际文化内涵和外延存在着一定的差异，导致品牌形象既不稳定，也难以持久。调研结果显示，不少乡村文化旅游项目的品牌化认知度和知名度长期处于低位，消费者对其文化内涵感知偏低，这也从侧面反映了文化品牌存在培育不力、内涵挖掘不足等问题。

在文旅融合过程中，应注重对当地文化内涵的挖掘。一些地方在挖掘本地文化资源时往往采取传统方式将注意力集中于表面符号的展示，缺乏对历史渊源、民俗沿革、文化精神的历史脉络进行多层次多角度的挖掘、阐释和利用。这样形成的品牌建设往往是单一的文化符号，缺少多方面、多层次内涵的叠加和延伸，整个文旅品牌故事性和感染力有限。加之区域文化资源自身具有分散性、地域性，没有形成整合交叉互补，在品牌推广中“各吹各的号，各唱各的调”，没有形成系统性和持续性的文化品牌形象，导致市场对乡村文旅的认可度不高。这部分项目追求短期经济效益，在文化旅游资源的开发过程中注重短期商业利益，较少考虑文化旅游资源原生的文化性和持久性的保留，文化原生资源被冠以低俗的商品名称，掩盖了其文化内涵。过度的急功近利，导致文化项目品牌内涵的丧失，文化价值的持续输出受到阻碍。单一的文化表现形式和商业模式，会使得品牌层次单一、同质化竞争严重，使一些具有历史渊源的传统文化项目在开放市场过程中造成割裂危机，进而影响当地整个文化旅游产业的持续性和整体性发展。另外，由于缺乏对文化内涵的可持续性规划和整体设计，许多文旅项目的品牌推广活动并未形成核心的竞争优势，所依赖的文化资源也未得到充分、合理的整合与开发，长此以往会使游客失去探索的体验感和文化享受的持续性，市场反响和消费者黏性难以持续。

综上所述，当前文旅融合助力乡村振兴在文化挖掘与品牌塑造方面较为欠缺，区域内的多种文化资源未能相互补强、融合，品牌化程度较低，不仅难以发挥出规模化的效益，也难以实现对商业品牌的文化传承与建设，这在一定程度上降低了文旅融合赋能乡村经济水平与软实力的现实效果，为日后发展埋下了不少隐患。品牌塑造不强的结果往往是乡村文旅项目的品牌化程度难以跳脱出现有推广模式的桎梏，无法实现文化传承向现代经济效益的跨越，从而影响乡村振兴大局。

（四）服务质量参差不齐与人才短缺问题

在现阶段，信息技术与智能化系统广泛应用于日常生活中，服务形式已从以往单一的人工操作逐步向自动化、智能化转变，但在这一变革浪潮中，服务人员技能储备不足和专业化训练体系尚未健全，乡村文旅领域的服务水平呈现出明显的不均衡状态。一方面，部分乡村旅游服务依然依赖传统经验和简单作业模式，面对游客多样化和个性化需求时显得力不从心，响应速度慢，缺乏服务灵活性；另一方面，新兴的智能服务系统虽然在部分试点区域表现出较高效率，但由于缺乏系统性的人才支持和运营管理规范，其实际应用效果参差不齐，难以在整体上形成稳定、可持续的服务网。

当前,许多乡村在开展文旅项目时普遍缺乏专业服务人才。无论是文化讲解、智能导游还是旅游客服、信息顾问等，由于专业背景和职业素养的差别，相关服务人员有时不能详尽地讲解区域文化，不能为游客提供深度、个性化的服务，甚至与游客发生冲突和争执，这些问题在一定程度上削弱了文旅项目的竞争力。服务岗位对专业知识和沟通、应变能力要求较高，而乡村对人才的吸纳和专业培训又较为有限，专业服务水平参差不齐，有经验的从业人员力不从心，同时有较多的兼职或临时聘用人员，服务水平参差不齐。

服务人员对智能系统的使用熟练程度与接受程度也不尽相同，部分年轻工作人员或外来务工人员虽然对信息技术的接受能力较强，但对当地特色文化和旅游产品缺乏深度认知；而部分老员工思想认知保守，对新技术采取观望和排斥的态度，在使用过程中还存在诸多不适应之处，导致人工服务与智能服务出现匹配度上的断层，进一步造成服务不达标的局面。此外，服务意识不足也在很大程度上制约了服务水平的整体提升，不少从业人员在日常工作中缺乏从自身情感出发，以人文情怀去服务游客的意识，即便配套服务完善，游客的服务体验也无法达到预期，导致游客对乡村文旅活动的重游体验感降低。部分接待游客的文旅设施中游客满意度低于平均值的重要原因，是对于服务的不满意。在服务转型时期，传统服务模式和智能服务设施不能平稳连接，从而导致服务传达出现脱节，无法做到有求必应。

在人才问题上，乡村文旅普遍缺乏比较系统的培训与职业发展体系。现有的高校毕业生人数远不能满足快速发展的行业需求；本地化、定向培养计划上的不足，使得许多想从事乡村文旅服务工作的年轻人无法找到合适的职业目标；相关企业和当地政府尚缺乏有效的激励机制，没有形成与行业发展相适应的薪酬、晋升、培训体系，难以留住较高水平的服务人才或吸引其主动参与乡村文旅产业发展等问题，导致人才质量参差不齐的现象在短期内难以改善。如果长此以往，则会形成技术、管理、文化传承等方面的断裂，削弱全行业的整体竞争力。

在实践中，不少地区在招聘过程中更倾向于临时聘用或劳务外包的方式，缺乏稳定的人才队伍建设；而系统化培训的缺乏和职业生涯规划的不足，又使得从业人员的技能水平和服务质量长期处于较低水平，难以满足快速多变的市场需求、打造品牌力以与其他区域竞争。新兴智能技术能够创新驱动文旅融合发展，但智能服务技术的应用推广都离不开成熟的操作流程和稳定的人员队伍。目前，部分乡村区域仍处于发展初期，缺乏必要的资金支持和人才保障，智能系统入驻后将难以发挥实际效用，导致服务体系不协调、不统一、不完整。在一些被外部资本看好的试点地区，政府虽然为投资提供了一些支持，但缺乏专业的人才支持，服务人员服务意识普遍较差，长远收益仍无法得到确切估算，使得企业顾虑重重，不愿意轻易加大人员和资金投入，导致高质量的服务体系所需要的人力和物质基础更加薄弱。

振兴农村，人才是关键。在数字经济深度融入农村发展的当下，人才短缺的痛点已经从数量不足转变为结构失衡和数字技术能力不足的新挑战。广东佛山“博士村委会主任”在线服务平台和“乡贤数字工作站”模式，为数字化人才培养提供了新方法，开辟了借助数字桥梁、凝聚乡贤智慧、培养本土人才的新途径。“乡贤数字工作站”的核心，是构建连接乡贤和本土农村的数字化协同平台。以佛山为例，当地通过建立聚集在当地的博士、专家等乡贤资源、在线服务平台，打破了时空限制，让乡贤无须返乡常驻，可以通过视频会议、在线咨询、数字培训等数字化方式，为乡村产业发展、文旅规划、技术升级等出谋划策。比如，在农村特色产业培育中，乡贤人才可以通过该平台远程指导农产品种植技术优化、加工工艺创新等。在文旅项目开发时，乡贤可以通过该平台在线参与规划方案研讨，为规划方案注入创意和数字运营构想。同时，该平台还设置了人才培养功能，本土人才可以通过线上课程、案例分享、项目实操合作等，从乡贤身上学习数字化技能和先进理念，实现“招才”和“养才”的融合。这种模式不仅激活了异乡的智力存量，将城市的数字资源、创新思维引入农村，还为本土人才提供了数字化的学习增长途径，解决了农村人才招不到、留不住、能力跟不上的困境。数字信息化平台为乡贤力量持续赋能农村，为农村数字化转型和高质量发展奠定了人才基础。

总而言之，服务人才水平、服务质量与当前文旅融合助力乡村振兴中存在的结构不协调的问题，根源在于传统服务思维与系统智能之间的错位。乡村人才培养机制与动力机制缺乏持续性和长效性，导致服务模式和模式创新受到制约，不利于文旅产品内容的丰富以及竞争力的增强。从长期来看，如果服务人才培养和技术提升不够，可能导致乡村文旅业态难以实现良性循环并塑造口碑效应，带来产业收益低下、产业内部分工不明确、产业应变性差等负面问题。

（五）环境与开发需保持动态平衡

在文旅融合助力乡村振兴的新时代背景下，乡村环境是文旅产业赖以生存和发展的基础，原生态、真实性、独特性的环境品质应该成为当地品牌建设和经济发展的特色源泉。乡村在环境改造和旅游开发的过程中，保护与环境开发之间存在一个动态的平衡支点，然而许多投资者或经营者容易陷入盲目追求效益的、竭泽而渔的开发模式，忽视绿色环境的保护。乡村的自然环境、生态资源以及与之相伴的历史文脉是吸引游客、展现地域特色的关键，但在乡村地区的旅游开发过程中，重开发、轻保护的现象时有发生。大部分乡村在旅游开发中只重视建设硬件设施，开展商业推广，很少考虑乡村环境的原真性和保护性。

长期以来，一些项目建设只注重短期的经济价值，没有将生态环境优势转化为发展优势，来获取长期竞争优势，导致一些具有优质自然资源、人文资源等的区域，在商业开发过程中出现了浪费资源、透支发展的现象。有些乡村旅游示范区在开发建设过程中没有进行科学合理的生态承载力评价，造成当地水体被污染、植被遭受破坏、土壤大量流失等问题，导致治理恢复时的成本远远高于建设时的成本。此外，一些地方为了招商引资，实现短期经济利益，引进外来项目进行开发建设，在项目开发之初并没有进行长远的生态发展规划，导致当地旅游项目开发建设存在先天不足。长此以往，会导致当地旅游项目失去原有的生态环境优势，使旅游资源丧失殆尽。

乡村生态系统往往具有脆弱性和敏感性，生物多样性、地质、水文系统等都容易受到外来干扰，为了促进旅游产业快速增长而过分强调基础建设规模和商业模式的开发，则会忽视生态环境自身的自调节能力和长期演化发展规律。每个景点都有一定范围内所能接待的旅游人数，学术上将其称为旅游容量。旅游容量不应超出或长期处于临界状态，否则会导致旅游增长的减速，甚至是旅游产业的倒退。在乡村旅游的旺季，尤其是一些旅游项目超出乡村旅游接待的容量和环境承载量时，游客过分拥挤在一起，造成的环境问题、生态问题得不到及时解决，会加剧当地的生态环境恶化，使乡村旅游遭遇难以持续发展的困境。这种矛盾使一些具有原始魅力和历史底蕴的地方由于开发强度过大而丧失了环境优势，甚至出现了破坏性开发的情况。

当前乡村文旅融合环境监测评价体系尚不健全，环境信息监测和动态跟踪能力弱，使生态环境变化难以被准确及时地把握。一些调研机构在报告中反映，目前国内存在部分乡村环境质量监测数据信息采集不够全面、监测方式单一、信息沟通反馈不及时等问题，导致大规模开发时环境保护不力的问题难以发现和纠正，生态退化的风险随着大规模开发推广而逐渐显现。环境与开发之间的动态平衡，是由生态、经济、管理和政策等因素共同组成的复杂系统所维系的。由于跨部门协同环境管理和保护力度不够，环境、文旅和农业等相关职能部门之间存在利益和信息壁垒，整体环境质量和开发关系的平衡性难以得到有效保障。

从战略层面看，环境与开发的平衡也关系未来乡村文旅生态系统建设模式。如果开发只看重眼前经济效益而忽略生态环境保护，其造成的环境问题将从长远威胁乡村旅游资源的特色和吸引力，导致文旅项目在激烈的市场竞争中处于劣势。部分乡村一味迎合游客需求，只追求短平快、有噱头、有亮点的网红文旅项目，没有挖掘乡村特色、根据人文历史风俗进行整体的旅游产业规划，这在很大程度上也对乡村原有的生态环境造成了破坏。

区域生态环境是文化旅游品牌打造的依托，每一个乡村、每一处风景、每一片土地都有其特殊的故事和独特的自然，这些正是塑造独特品牌形象的基础。而现有开发中，对区域生态、文化资源发掘意识的欠缺，导致对资源采取简单粗放式的开发，不具备深层次的地域特色，容易造成环境的破坏与资源的流失，使文旅产品失去市场竞争力。近几年的一些调研显示，在开发过程中能够做到保护生态和文化资源的区域，其旅游收入和游客满意度都要高于单纯追求规模扩张的项目，单纯追求规模扩张的项目由于环境污染、资源枯竭、文化内涵匮乏等问题难以得到游客的认可，面临着虎头蛇尾、发展后继无力的巨大风险。

第四章

文旅融合助力乡村振兴的实现路径与策略

一、统筹资源，构建协同发展格局

（一）坚持资源导向、规划先行

在推进文旅融合赋能乡村振兴的过程中，坚持资源导向、规划先行是能够确保实现资源统筹科学化、可持续化发展的前提条件。众所周知，我国乡村地区地域广阔，自然景观多样化，历史文物遗存和非物质文化遗产丰富多彩，这些文化资源既是开展文旅融合的基础，也是实现经济、文化双向提升的重要力量源泉。然而，面对资源多样化、地域差异性的巨大现状，只有彻底摒弃粗放型开发建设的理念，在科学规划的前提下，对现有各类资源进行精加工、系统化梳理，才能为后续文旅融合的产品开发、产业联合奠定基础。

要对当地的文化资源、自然资源和社会资源进行摸底统计和定量估算，需要各级政府、科研院所和社会力量共同参与，根据当地的实际历史、生态、风土人情、经济基础等诸多要素，制定科学的资源价值评价体系，从资源的稀缺程度、独特程度、开发利用程度等方面，把握资源的发展前景，评估哪些资源具有重大的战略意义、哪些资源可持续开发利用。在一些人文历史资源比较丰富的乡村，其潜在的文化旅游资源市场容量巨大，但是由于没有经过系统的开发，至今依然停留在较低的层次上。可见，各类资源不是一成不变的死物，而是一个需要不断盘活的具有活力与潜能的宝库，不能一味为了经济价值而破坏资源的文化基因和环境。

资源导向的发展规划项目也应对发展前景及需求有清醒的认识。在当前城乡融合、智慧乡村建设发展的时代背景下，区域的文化、生态与旅游资源也正处在转型升级的十字路口，各自的发展规划应从实际资源供给与市场需求上进行精准对接，在立足自身资源禀赋与特色的基础上，合理引导市场预期，避免因过度开发或供给不足造成整体性效益的降低。显然，一个有着发展前景与战略目光的乡村，在文旅业兴起后更易吸引外来投资，也更易形成品牌效益；而对于通过零散资金投入、“短平快”项目建设等投机性手段发展起来的地区，从短期来看确实获得了经济效益，但长期竞争潜力堪忧，更容易涸泽而渔、破坏生态环境和断裂文化基因。可见，规划先行、资源导向是文旅融合的基点，也是提高产业格局、实现共赢发展的有效途径。在具体实践中，这一战略则要求规划项目要体现地区特色、具备多方面的价值取向。以往的乡村旅游规划方案往往体现为做大做强，经济主导，忽视文化、生态价值的长远性。资源导向的规划理念则往往体现为在开发建设现有资源的同时，应树立保护优先、充分开发的发展理念，将特色旅游示范区作为先决条件，在科学调研的基础上，将历史、传承、民俗文化进行梳理，结合新时代旅游发展要求，设计旅游开发的整体计划，形成具有文化性、竞争性的可行性方案。

1. 搭建完善的资源集成与信息共享体系

以资源为导向的规划项目还要求在区域范围内搭建完善的资源集成与信息共享体系，其主要核心在于打破部门之间、行业之间、区域之间的信息壁垒，把分属不同领域、不同行业、不同区域的文化、生态、农业、旅游等信息进行集成、整合，实时为决策者提供科学依据。如今，随着大数据、云计算等信息技术的兴起，不少地方政府都在探索数据平台的建立，试图通过数据标准化、数据共享等方式来提升资源的利用效率和效益。

在此框架下，我们需要改变传统的乡村发展观，以真正利用资源优势为核心，而非进行粗放式的“摊大饼”发展。在发展规划时，可将地理信息系统（GIS）、物联网等数字技术应用于数字乡村治理体系之中，借助 GIS 平台和大数据引擎，人们可以对山水林田湖草沙等生态功能敏感区、古迹非物质文化遗产区、特色产业集聚区、公路和轨道节点等，进行全域探查和全域标识，对各个要素的空间分布范围、生态功能、社会功能、经济功能等实现多标签标注，形成要素图谱，可以直观地了解到哪些生态区块适合保护、哪些历史文化值得活化、哪些集群产业可以形成规模联动和整体效应以及交通和人流动向的影响等，以便进行新业态布局，确保人居环境和生态本底与资源的动态平衡。区域要素图谱同时具有供求数据分析和产品创意启迪的双重价值。根据实地场景要素，我们可以对沿线观光、研学、非物质文化遗产等体验活动进行活化，塑造新的乡村文化 IP；或者以人流聚集节点为支点，进行时间与空间的探查，从而发现村落服务设施的最佳空间布局，减少功能冗余和资源浪费。该图谱还能够根据实践及时迭代，将旅游者的行为数据、环境的检测数据、当地社区参与信息等及时有效地反哺回决策层，进行规划与经营的无缝衔接，在不同阶段对产品定义与空间布局进行微调，让资源与空间不再成为蓝图式的静态设计，而是成为动态的系统和一套完善的管理机制，使乡村品牌 IP 塑造与产业发展有章可循、行之有效。

2. 文旅规划多方协作实现机制化

在实践推进过程中，多方协作不应只停留在共识的层面，而应落实为机制化的合作结构。具体推进过程，可以由政府部门主导，文化与旅游研究者、当地文旅企业、村民组织共同组成工作小组，定期共同对资源图谱中的重点文化元素、自然资源、历史遗存等进行系统化解读；在达成基本共识后，邀请专业人士根据调研结论进行专题规划，细化每一种资源的开发边界，同时要围绕文旅融合这一核心，进行旅游线路、功能分区、交通配套、配套服务等基本框架的绘制。为避免规划头重脚轻，从一开始就要考虑后期管理问题，应当注意设立专门的后期管理部门、监督小组、评价机制等。规划中要明确列出短期启动项目、中期巩固项目和远期战略目标，并对每个开发阶段设定相应的责任部门及资源匹配标准。此外，还应当制订统一的资源调配和监督管理规划，将土地流转、财政投入、文化产权、环境容量控制等，以具体细则形式约束起来，应用于审批和执行环节加以固化，有效避免因政出多门或利益纷争带来的重复，从而有利于规划执行的延续性和操作性。

3. 设置文旅规划的动态修编机制

乡村文旅规划需要留出弹性空间，以应对市场需求与外部环境的变化。乡村文化旅游的发展不是一成不变的，而是处于动态演进之中的，乡土文化的新解读与旅游业态的创新都可能对资源价值产生再发现、再创造的作用。在乡村文旅规划设计中保留弹性，不仅是应对外部不确定性的现实选择，也是顺应乡村文化自身特征的智慧表达。乡村文化旅游的发展往往具有非线性、跳跃性和突发性等特征，这要求乡村文旅规划方案不宜一次成型，而应设置清晰的滚动修编机制。因此，乡村文旅规划设计宜借鉴“分阶段实施、滚动更新”的原则，将试点项目与重点示范区的成功经验纳入常规修编机制，每隔一定周期开展评估与调整，使资源导向和规划先行的思路能够随时校准，确保乡村振兴战略既有长远目标，也具备灵活应对现实的能力。我们可以设立文旅资源动态监测平台，对游客流量、资源承载力、生态环境变化、村民参与度等指标进行数据化管理，及时掌握规划落地后的实际运行状况，从而实现对规划执行节奏与内容的适时校正。可修订的蓝图不仅可以防止一纸规划出现长期僵化的问题，也能为新业态、新技术、新趋势预留空间，使乡村振兴既能锚定远景方向，又不会被现实变化所阻碍，在不确定中保持战略定力，于动态中寻求系统优化。

在这一推进路径中，数字化赋能是重要突破点，利用建立区域数据共享端口，将土地、交通、景观、游客评价等信息多源录入同一数据库，进行实时流通展示。除了要打通规划与相关部门数据的壁垒之外，还需要通过向企业、村民提供数据接口来实现信息的反馈与收集，从而在宏观层面上提供有助于规划调整的微观层面信息。同时，在云计算、人工智能等技术的加持下，技术人员能够对信息进行更深层次的提炼，通过机器运算对旅游者出行、消费习惯以及生态阈值等进行预测，为资源导向的规划决策提供科学建议，使乡村旅游在场地选址、业态组合、配套服务等方面能够更加有的放矢，既能满足游客的多元化选择需求，又能够保证资源的可持续发展。

4. 同步出台文旅规划配套政策，实现协同保障

政府在制订文旅规划的同时，应出台与规划内容相配套的财政、税收、产业等优惠政策，为资源利用和保护提供双重激励。同时，也可考虑准备专项资金，专门用于解决在规划推进过程中遇到的突发事件，如生态环境修复、文化保护、公共服务加强等问题，让乡村振兴规划的约束条件成为硬性保障。在规划执行方面，为了进一步促进规划的落实，可以在乡村振兴考核指标上增设资源利用水平和文化保护水平两个维度，让规划成果的量化不再是单一的国内生产总值指标，而是兼具文化、社会、生态等多个维度的综合反映，从而全面推进乡村振兴。

坚持资源取向、规划先行，不能只是喊口号，而是需要落实在技术手段、组织方式、动态机制和政策保障的每一个环节。唯有以资源图谱为基础，把数据技术、跨界协作以及体制革新融为一体，才能实现高质量推进乡村振兴过程中的文旅融合，让乡村的青山绿水、人文遗存等在乡村产业化进程中得到尊重和回馈，为乡村创造持续的经济效益和社会价值。

（二）整合乡村各类资源，实现共享共赢

在文旅融合的过程中，每个村落都在产业链的某一环节或某一方面具有独特的资源禀赋，从土地与生态，到文化与农作物，都具备成为旅游产品的潜力。发展产业要立足于生态环境的可持续性，要在保持水资源、土地资源、植被资源和农田资源可持续利用的基础上发展乡村旅游。但是长期以来这些资源归属不同的部门与主体，缺乏统筹安排，导致其在乡村振兴过程中无法发挥协同效应。要打破这一现状，需要以共生共建的思维对乡村资源进行多渠道整合。

1. 建立统一的资源数字档案

可以搭建数字乡村建设信息化平台，把土地、环境、文化、行业、人口等信息收录到一个体系当中，建立互联互通的信息资源库。通过 GIS 平台和大数据分

析，技术人员能够切实探明资源存量，识别资源的可用价值，避免重复开发以及资源闲置浪费，从而打破“信息孤岛”，为共享共益奠定基础。

2. 建立跨部门的协同治理机制

乡村文旅融合涉及文化、农业、环保、交通等多个部门，如果这些部门仍各自为政，很难实现协同治理。因此，要建立由当地政府主导、各有关部门参与的乡村振兴工作组，通过定期协调和绩效考核的方式，对资源整合和项目推进规定统一标准和程序，确保无论是立项、审批还是建设、运营，都由一个工作团队来实施。这种方式既可以引入社会资本和村集体组织，也可以保护农户利益，从而以共同合作和共享收益的方式，保证相关各方在共同行动中利益最大化。

3. 鼓励“共享平台 + 专业运营”模式

应借鉴共享理念，建立覆盖乡村内外网的公共服务平台，如建立统一的旅游订单平台、乡村活动场馆共享平台、农产品电商平台等，让本地农户、民宿管理者、文化传承人等接入平台，共享设施、共享市场；由政府或社会资本牵头运营平台，为各个主体提供技术支撑和品牌保障，降低各类主体的运营成本，通过标准化管理来确保质量，让农户、文化团体、旅游企业等在同一个平台内获得市场机会，达到资源共建，收益共享的目的。

4. 创建乡村文旅产业联合体

在一个乡村或几个邻近村落之间，可以围绕重要资源与支柱产业，推动乡村文旅、生态旅游、康养、休闲农业等多种业态融合的产业联合体。例如，部分地区以特色农产品为链，把种植农户、餐饮民宿、手工体验与电商销售结合起来，形成供应链闭环的经营形式；有些地方则以非物质文化遗产为纽带，将手工匠人、文艺演出、文创产品结合起来，打造体验链闭环的旅游模式；还有一些地区依托当地生态资源，将田园观光与休闲体验、田园研学、田园疗养结合起来，形成产业园闭环的发展方式。这一类联合体通过共同出资、利益与共、品牌共创，推动乡村文旅产业从单打独斗走向抱团发展。

5. 建立共享收益机制

不同要素的整合自然会产生收益分配问题，因此要通过法律规章、乡规民约等形式，明确公共资源的所有权（如生态保护区、古建筑、文化遗产项目等）与使用权，确立合理的收益分配机制；同时，还要对经营使用公共资源主体设置门槛、建立考核机制，确保利益分配既保护了历史文脉和生态环境，也保护了投资者和当地居民的利益，以公共收益与市场化利益的双额分配，让保护者有收益、经营者有利润、村民有分红，真正让资源整合红利惠及所有合作者。

6. 建立要素换入合作机制

在资源禀赋不完全相同的地区，可以通过资源入股、劳务入股、技术入股等方式，让要素以等价换入的方式展开合作。生态保护区可以让出土地资源、提供环境资源，文化机构可以提供非物质文化遗产技艺资源，市场运营团队提供管理和营销服务，村集体和村民提供劳动力和管理服务，技术平台提供数字平台服务，大家以要素入股的方式获得项目股份和收益，这样能够调动各方合作的积极性，从而将人才、资本和资源集中起来。

7. 建立从评估到反馈的长效机制

在有效整合资源之后，应当对融合过程和结果进行全生命周期、全要素、全过程跟踪评估，从经济效益、社会效益、生态效益等方面开展第三方评估和公众满意度调查，及时发现问题并进行反馈调整，推动资源整合共享，持续向高质量发展。

总之，只有从信息整合、制度协同、平台运营、联盟发展、分配机制和评估反馈等多个角度，去实现乡村各类资源的整合，才能打破资源分散、利益分离的状态，形成乡村文旅融合发展的共同体，为全面推进乡村振兴发挥强大动能。

（三）加强区域合作，构建乡村旅游集聚区

加强区域合作，构建乡村旅游集聚区，是文旅融合助力乡村振兴的重要举措之一。各乡村区域的历史文化、自然景观、农风民俗等虽然各有特色，但地域分

散、模式单一、各自为政，难以发挥文化旅游产品的整体竞争力，区域间资源协调与信息互通不足，各自的优势没有形成整体合力，降低了单一项目的吸引力和竞争力，对区域经济文化品牌塑造造成了巨大障碍。从目前的实践来看，乡村文旅区域合作还处于初步探索阶段，许多乡村文旅项目仍处在单点开发和局部试点阶段，区域内资源、经验、资金分散使文旅产业难以形成规模效益，相对来说不利于吸引外来投资，市场竞争机制难以良性运行。

形成以资源为纽带、以合作为动力的乡村旅游集聚区，是文旅融合助力乡村振兴未来发展的必然趋势，在一定程度上可走出各自为战的单打独斗困局，有利于打造乡村文旅的区域整体品牌和提升区域影响力。从长期来看，乡村旅游集聚区建设是区域各类资源优势转化为发展优势，在经济发展、文化传承与生态保护的方向中实现区域协调发展的必然选择。

1. 构建区域联合发展模式

目前，区域要素存在分布不集中、发展不平衡、市场敏感度不高的问题，不利于开展区域化合作，形成乡村旅游集聚区。要想在众多因素中达成真正意义上的区域合作共赢，就需要改变以往各自为政、条块分割的管理思维，构建一种联合决策、共享利益和风险共担的区域联合发展模式，使各区域不仅在单一文旅项目上相互支持，并且在区域内部合作中实现经济、文化、生态等的共同发展。但就目前来说，这一模式并没有在大多数地区发挥出规模效应。各文旅主体在信息共享、资源共享、市场合作方面都存在不足。未来，这一不足将有可能进一步扩大地区间的发展差距并造成资源的浪费，不利于乡村旅游集聚区整体合力的形成。

应充分挖掘不同区域在文化、生态、农业、旅游等领域的互补性，通过区域联合发展实现优势互补。实现互联互通、资源整合、共建共荣的首要前提和基础，是建立区域强关系，内部“打通”才能实现优势互补、抱团发展，才有更大的空间和更可靠的资源来支撑文旅事业发展。区域抱团、打造乡村旅游集聚区，是推动文旅融合助力乡村振兴的现实可行路径，更大程度地实现共享共赢，推动乡村振兴战略行稳致远。

2. 构建政府支持、市场运作、社会参与的治理机制

乡村旅游集聚区的可持续发展，要形成政府支持、市场运作、社会参与的治理机制。只有建立起政府、企业、科研院所及社区多方参与的，合作、共享、开放、融合的发展模式，地域文化、旅游、农业等各类资源才能被系统化、整体化地开发，才能实现由点及面的嬗变，才能为乡村振兴提供强大、可持续的发展力量。要建立区域文旅发展指数指标体系，从资源利用水平、文化传承水平、资源转化水平等方面进行综合评估。如拓展乡村振兴领域金融支持、发行绿色债券、探索生态产品价值实现路径等模式，可以为跨区域项目建设解决资金短缺问题，最终实现文脉共兴、生态共保、产业共赢、红利共享的文旅区域联动发展新格局，让区域联动发展真正成为激发乡村潜能、实现共同富裕的重要动力。

在区域联动上，各地政府与行业主体应从总体性出发，围绕资源禀赋和文化属性形成发展合力。通过共同制订发展规划，各方在规划、资金、政策扶持等方面达成基本共识，这样既避免了重复建设，也有益于形成错位发展、各司其职的文旅主体。区域之间不是简单地合并，而是在尊重地方特色的前提下，寻找共同利益点，达成利益共同体的发展意向，为集群化发展搭建基本框架。

在协调机制方面，坚持多元参与，共治共享。由地方政府牵头组建联席会或协调会，由企业、协会、社会组织等多元主体共同参与，共同制定目标和指标。这种机制使决策体制、执行体制和监督体制连成一个以规矩为底线的统一体，在经常性沟通和调整中，各地能够及时化解分歧、整合需求，并在区域整体利益的引领下推进重点项目，确保集群建设始终保持一致步调。

在区域内重大文旅事项的决策和推进过程中，尤其要有途径吸纳基层群体的意见，提高基层参与度，让基层群众在区域重大事项的规划、宣传、管理中有更多的归属感和获得感。当每一个村落都有懂文化、懂市场、懂数字的新乡贤群体时，当每一个文旅项目都有能够精准对接的人才时，当区域乡村文旅集群能直击发展痛点、形成真正的文化价值输出和产业能级提升时，才能实现多方协作与共

治共享，让乡村旅游集聚区在大方向上得以持续和长效发展。

3. 创新文旅资源要素的整合运营机制

创新文旅资源要素的整合运营模式，应以核心景区为引领，联合周边特色村镇，带动产业链上下游主体协同发展。例如，在浙江“诗画江南”示范区的建设中，乌镇戏剧节作为塑造出的核心品牌IP，联动周边濮院时尚古镇、石门湾农业园区等资源，开发出了戏剧主题民宿、非物质文化遗产手作工坊、沉浸式农业剧场等，形成文旅要素高度集聚的协同网络。在整合运营文旅资源要素的具体实践中，应当重点建立三大整合机制：建立文旅资源数字化共享平台，实现非物质文化遗产档案、民俗影像等资源的云端共享；建立旅游线路联合开发机制，打造跨区域精品游玩路线；建立农产品区域公用品牌培育机制，形成地理标志、文创包装、统一质检的标准化体系。

文旅资源数字化共享平台可形成区域统一的客流信息平台、产品信息平台等，以达到区域资源共建共享和综合调度的目的。同时，和交通、通信、公共服务等基础设施的建设一样，区域资源共享以区域联动为目标，形成主要节点城市与乡镇区域的连接。这种框架下的支撑服务并不追求过多的技术方案，而是追求形成可复制、可推广的框架化平台模式。

在品牌化、市场化方面，各地应以区域整体形象为载体，统一品牌、统一推广。各地应当挖掘共同主题和文化故事，打造可扩展的文旅产品线，并将宣传渠道打通线上线下闭环，让游客在不同入口都能感知集群特色。此外，在各类大型主题活动和节庆推广中，应倡导联合承办或轮换承办，增强各地参与热情，同时提高整体品牌的辨识度与影响力。

对于成效评估和持续改进，可以采取定期监测反馈的方式，从游客满意度、经济效益、生态承载等宏观指标出发，结合区域发展阶段性目标进行对照。治理机构不必苛求技术性细节，应侧重保持评估体系简洁、可操作的特性，便于各地围绕整体任务需求及时调整。可定期举行交流座谈会、报告发布、成果分享等活动，使乡村文旅集聚区成员能够在开放透明的氛围内互相交流，不断调整发展之策。

人才是保障乡村文旅聚居区可持续发展的根本。在宏观层面上，应鼓励引导多渠道、多主体参与人才培养，无论是政府专项培训，还是市场化机构、社会组织等参与联合实践，培育人才不应拘泥于某一类培训项目，而应将培养导游服务、文化创意、品牌营运等能力作为培育人才的目标，这样才能形成适应市场变化的高素质人才队伍，为区域文旅融合激发源源不断的动力。

二、特色产品打造与乡村文旅品牌 IP 塑造

（一）深入挖掘乡村文化资源，找准特色定位

在乡村振兴背景下，深度挖掘区域内零落的文化资源，进而明确各个乡村的差异化定位，是塑造乡村文化 IP 和特色产品的基础。盘活乡村中影响村民世代生活的有形与无形的文化资源，有助于我们找到乡村文化内核中的关键要素，为其未来产业化、品牌化提供明确思路。发挥文化资源对乡村产业经济发展的推动作用，能够让更多人意识到区域文化与农业资源的重要性，提高群众对其保护意识和认可度，进而积极参与到乡村文化 IP 的塑造中来，积极推进绿色生态旅游的发展，从而吸引更多游客前来消费，拉动区域经济增长。

只有通过“乡土文化”与“乡村旅游”双向互动，才能系统性地挖掘相关文化资源。根据《乡村振兴战略规划（2018 — 2022 年）》提出的“统筹谋划文化建设”要求，应建立相关部门的工作联席小组，打通文化、旅游、农业、扶贫等不同领域，强化政策、宣传的一体化联动。在具体措施上，相关责任主体应当综合利用专项资金与优惠政策，鼓励本地高校、科研院所与民间企业合作，加强新媒体、品牌策划、网络营销等方面的人才培养，补齐乡村文旅品牌建设人才短板；通过文化产业园区携行计划等项目，形成品牌建设与当地经济发展的良性互动；还可以引入社会与本地集体经济合作，激发民间资本的能动性。按照上述逻辑，对乡土文化资源的探索不能单一地挖掘民俗表演、传统工艺等文化资源，而要把乡土田园、农耕文明等生产生活方式以及传统美食、本土方言、民房村落等文化元素综合起

来，进行整体性、多维度、深层次的文化叙事。传统村落的文化资源多呈现出多元化、碎片化的特征，若我们仍采取过往拼凑式的开发方法，必然会导致乡村文化的根脉在短平快、粗放式的运转中丧失本真。因此，在文化资源的发掘中，我们必须通过挖掘乡村文化中核心的文化符号、整合历史的发展脉络、记录传统的口述材料等方法，恢复乡村文化的原汁原味，为后续的乡村品牌 IP 塑造筑牢厚实根基。

在筛选和梳理乡村文化资源之后，乡村文化资源的精准定位意味着要在数据分析和市场调研的基础上，审慎地判断何种类型的乡村文化元素在当前阶段能够形成产品吸引力，并具备可持续发展的潜力。一方面，可通过旅游偏好调查、消费记录调研、网络舆论调查等方式，了解受众对乡村何种文化元素的关注度、认可度较高；另一方面，也要结合当地产业发展基础和生态承载能力，预测文化资源可能产生的经济效益和社会效益。乡村文化资源精准定位的实践表明，在短时间内乡村文旅项目的竞争力可以得到有效提升，并能够为消费者树立良好的品牌认知度和黏性。因此，当文化资源单点定位与组团开发并行时，开发人员要谨慎选择能够凸显某一特色的文化元素，并避免过度同质化的定位策略。

挖掘文化资源不能忽视与现代生活方式的契合度，若仅仅拘泥于传统展演而不与当下游客需求产生关联，便难以形成持久吸引力。因此，在定位时应考虑如何将资源沙盒化、模块化，使其在满足观赏性与参与性的同时，也便于在小规模场景中快速复制与推广。对乡村文化资源的挖掘与定位，意味着对资源未来发展的前景进行规划。如果说过去是指对乡土文化意义的保留，那么未来发展则是指在资产运营上的可持续性。换句话来说，乡村文化资源的挖掘与定位要为相关文化产品、乡村文化 IP 的衍生预留空间，要使其拥有线性增长、多元延展的可能性。在文化资源的定位过程中，同样要注意对文化符号进行提炼与创新。文化符号往往以物理符号、行为符号、语言符号等形式显现，成为文化记忆与认同的表达。提炼，意味着在保持原生文化符号价值的基础上，对高度碎片化、边缘化的符号进行去粗取精，形成独特的文化标签；创新，则意味着对核心符号进行多角度、多样化的重构，进行适应当下审美与传播方式的再创造。

资源定位还与文化资源和生态环境紧密关联。由于乡村文化的独特性往往存在于人与自然的紧密关联中，生态景观又是文化叙事的载体，因此，如果单纯强调文化符号的资源开发而不重视生态保护，就会导致文化资源开发与生态资源保护间的割裂。在文化资源的精准定位中，应将生态底线预设到文化资源挖掘中，在挖掘资源的同时预备相应的环境保护和资源修复的方案，从而使乡村文化IP具备持续的吸引力和茁壮的生命力。在实践中，那些兼顾资源挖掘和生态修复的乡村个体往往更受市场青睐，更能收获较好的口碑效应。

从路线安排上看，资源定位的过程并不是一蹴而就的，而是需要持续地进行调研、实践、反馈、优化，每一阶段都要加强市场和游客对文旅资源的反馈，及时修正资源定位的准确性和产品匹配度，并根据反馈结果及时修正定位策略，才能使乡村文化资源在定位上更精准，能够经得起市场的反复检验，并使相关的乡村文化IP在反复强化中被赋予新的生命力。随着文旅融合的持续深化，这一类基于资源禀赋精准定位的乡村文旅实践，将为乡村振兴源源不断地提供内在文化动能，使乡村地区在文化软实力和旅游硬实力的双重驱动下，获得经济、生态、社会的持续性发展。

（二）开发多元化、个性化的文旅产品与项目

文旅产品与项目的多元化与个性化开发，是实现乡村振兴与文化旅游深度融合的关键。要在创新中挖掘文化资源，摒弃一刀切的做法，在尊重本土特色的基础上为游客提供更具有魅力和吸引力的体验，将文化、自然与社会需求进行叠加和多元转化，而不是在已有项目上进行简单的营销包装。

1. 精准分类文旅细分市场

在创新挖掘文化资源的过程中，应对细分市场进行精准分类。由于不同群体对乡村旅游的关注焦点和消费能力存在显著差异，目前市场上涌现了各种细分后的旅游类型，亲子游、康养游、研学游、创意体验等新型旅游成为市场新宠。这

些新型旅游的特点是，通过对游客需求的关注，将乡村的资源按照某一细分市场需求进行配置，形成差异化产品，如生态田园与养生保健相结合、非物质文化遗产工坊与教育研学相结合、乡村集市与艺术创作相结合等，这样既能满足游客的差异化需求，也能在现有资源基础上达到溢出效应。

2. 文旅产品设计强调情境营造和代入感

从产品设计手法中的场景理论视角来看，乡村可以把不同质的文化元素设计成为旅游场景，让游客融入其中，产生沉浸式的体验。场景的营造可以发生在空间层面，把民居古建、田间地垄、阡陌枝叶等自然元素与灯光、装置等艺术设计相结合；也可以发生在时间层面，通过各类节庆展演、主题集会、特定时段的表演等活动重塑日常生活的节奏，让游客随着活动的开展感受乡村的脉搏。设计师们可以通过场景设计增强游客的互动体验，使项目的趣味性和游客的参与感得到提升，从而使乡村旅游不再是浅层的走马观花。

3. 建立文旅产品动态升级机制

在文旅产品升级上应重视生命周期和动态更新。乡村文旅产品不可能永远保持新鲜度，只有根据游客反馈、市场变化、资源禀赋等要素变化，不断对产品内容、模式进行动态调整，才能延长产品生命力。因此，相关部门应建立常态化的评估与迭代机制，及时淘汰表现不尽如人意、过度同质化的产品，同时融入新要素、新技术、新业态，才能永葆乡村文化 IP 的生命力。

4. 创新文旅业态形式

创新文旅业态形式有利于增强文旅产品的吸引力。通过移动端 App、智能导览、线上虚拟体验等技术手段的融合，游客在旅行前、旅行中、旅行后都能体验到流畅的服务；通过文创产品、主题小镇、沉浸式剧场等内容的植入，传统的乡村旅游再现新生。创新不能仅仅是“新瓶装旧酒”，更需要在尊重原生态的基础上进行再创造，将传统手工艺、民间故事等与现代设计思潮相融合，形成具有自己特色的文旅体系。

5. 文旅多主体协作开发

文旅多主体协作的开发模式是实现多元化项目的机制保障。政府可以通过制度引导与资金扶持，吸引文创公司、高校研发团队、社会组织等参与，在乡村打造创意共同体；企业可以在乡村设立文化实验室或创意工坊，以项目为纽带，实现产、学、研一体化；社区与村民也应成为合作伙伴，通过村民参与策划收益分成模式，激发本土居民的创新动力和文化传承责任感，在专业化分工的设计、运营、管理等各环节，为乡村文旅产品的多元化与个性化开发提供持续性力量。

从宏观层面看，多样化与个性化开发不仅有助于提升单一项目的收益，还能带动乡村整体产业链的延展。文化活动与旅游体验的结合，可催生创意衍生品和新的消费场景；农业生产的参与，又可将乡土食材与特色餐饮、民宿服务共同打包，形成吃、住、行、游、购、娱一体化的经营生态。在此种生态体系下，各类资源可在不同维度实现互补与交叉，既放大了乡村文化价值，也为当地居民提供了更多的增收渠道。

总之，在文旅融合助力乡村振兴的背景下，开发多元化、个性化的文旅产品与项目，需要在精准洞察市场需求、尊重文化资源、积极创新、强化场景与互动设计、多方协同开发和动态迭代管理等方面不断深化。只有这样，乡村文旅产业才能突破同质化竞争的桎梏，打造具有地域特色和时代张力的乡村文化 IP，实现乡村经济与文化价值的双重提升。

（三）强化乡村文旅品牌建设与营销推广

在乡村文旅一体化的发展中,品牌建设和营销推广是改变“散、小、弱”局面，树立区域品牌形象的重要一环。目前，许多乡村虽不乏优秀文化和自然资源，但在品牌建设、推广渠道、运营机制等方面都存在着诸多问题:缺乏品牌建设意识，营销方式还是以展会、手册为主，而非网络化、社交化的推广等。同时，这些地区区域品牌意识不强，相关部门没有形成合力，各自为政，盲目重复，难以达到品牌建设一体化的效果。在信息碎片化时代，单一的推广渠道已无法满足众多旅游者的需求，无法获得足够的曝光，乡村品牌在互联网和自媒体平台上的声音容易被大量同质化的内容所淹没，建立乡村文旅品牌 IP 口碑变得举步维艰。因此，文旅融合背景下的乡村文旅品牌 IP 塑造，需坚持以文化辨识度为根基、全渠道传播为路径、体验价值深化为纽带、长效评价机制为保障，形成四位一体的品牌生态闭环。

1. 构建乡村文旅品牌体系

乡村文旅品牌 IP 的塑造始于对当地文化资源的深度挖掘。这一过程需要系统性地认知和解构方言、民艺、节庆等文化载体，结合专家对于当地历史遗迹与生态资源的开发阈值评估，对接文旅市场需求缺口，才能够提炼出兼具地域特质与时代价值的核心定位。乡村文旅品牌 IP 的视觉符号设计需遵循地域性、叙事性与功能性原则，其含义需包括基础标识、应用资源及文化载体等。基础标识应在有辨识度的基础上，与具有当地特色的传统纹样等进行融合；应用资源需将当地特产、特色山水等作为文化传播对象；文化载体则需要持续开发符合当地非物质文化遗产美学特征的 IP 形象，避免差异性不足和不够亲民的问题。通过口述史采集与沉浸式采风，乡村文旅品牌 IP 的品牌故事体系得以构建和补充，其内容需完整包括本源、发展历程与当代创新三层叙事，为消费者创造出有温度的情感载体。

2. 深耕全渠道网络传播

全渠道传播策略要求打通线上线下的协同路径。线下渠道创新需打破过去传统媒体参与报道当地节庆活动的逻辑，可以通过与专业媒体团队合作制作当地节庆活动的微型纪录片，在交通枢纽及文化平台投放，增加乡村文旅品牌 IP 的质感。节庆活动设计不应停留在尽可能办得盛大、隆重的传统思维，而应将活动策划轻量化、游客友好化，把公共空间作为文化展演场域，实现静态资源的动态活化。在数字传播层面，乡村文旅品牌 IP 的塑造需实施平台差异化运营的策略。例如，在垂直内容平台开设专业账号输出对当地文化的深度解读；在短视频平台发起当下爆火的挑战活动吸引青年群体；在社交平台策划情感话题征集用户内容，并协同多频道网络机构培育本土叙事者等。在这一过程中，数字技术的深度融合尤为关键。例如，当地场景的虚拟重建可以实现线上引流，开发增强现实游览功能可以提升线下体验，利用直播技术可以实现产销联动等。

3. 体验式营销升级

体验式营销升级意味着价值创造模式的转型。乡村文旅需超越简单的观光接待模式，并设计包含沉浸层、交互层与衍生层在内的三层体验。沉浸层依托数字技术活化当地的文化场景，通过环境交互装置增强游览效果；交互层设计出生产制造体验等项目，将游客的制作过程变为对相关景点的情感联结；衍生层则开发可移动的文化消费品，通过扫码溯源、视频叙事等，达到延伸游客体验内容的目的。三级体验的叠加，使游客从景点观光客成为文化共创者，形成了独特的场景记忆。

4. 建立长效评价机制

长效评价机制是品牌可持续发展的保障。其中，动态监测系统可以实时监测舆情数据，对游客美誉度的变化实施精准干预。经济效能的评估应持续监测游客转化率、复游率及衍生消费比率等核心指标，以及在社区会议中定期获得村民对收益分配和文化传播方式的观点反馈。这些系统通过监测数据的变化，得以对景区不足之处进行迭代，从而使游客游览质量、村民收入等得到提升。

当文化基因获得市场认同，当游客参与价值共创，乡村文旅便实现了从投资依赖到品牌 IP 驱动的质变。这一过程需要注重保留乡土文化的本真，因为乡村文旅品牌 IP 的生命力来源于乡村，根植于游客对乡村文旅的深度体验。唯有如此，方能使乡村从昙花一现的“网红景区”，蜕变为对游客具有持续吸引力的“精神家园”。

三、加强基础设施建设与智慧化发展

乡村的基础设施囊括经济、社会、文化等多个方面，按照服务性质划分，可分为生活性基础设施、人文基础设施、流通性基础设施等类型。加强乡村基础设施建设，把基础设施和科技手段智能结合起来，将会更有利于把握乡村建设的方向，为乡村振兴注入科技动能。

（一）完善乡村旅游产业基础配套设施

1. 改善乡村生活性基础设施建设

生活性基础设施是文旅产业发展的保障。在较长一段时期内，乡村旅游在公共认知中的印象常常是负面的。例如，生活污水和垃圾处理设施匮乏，住房和环境设施较为简陋，基础设施落后、消息闭塞等。因此，传承绿色生态理念与构建宜居宜游环境，是文旅融合助力乡村振兴的重要任务。要坚持把改善人居环境与促进产业升级、提高农民收入有机结合起来，积极推进实施污水处理、垃圾分类、住房升级、公厕管理等具体工程，不断改善乡村环境，完善乡村旅游产业的基础配套设施，提高乡村旅游的舒适度。

戴家山村便是一个通过基础设施建设和改造改变村落产业结构的案例。杭州戴家山村位于海拔约 600 米的山中，其地理环境独特，夏季避暑条件优越，7—8 月日平均气温 26.5℃，因此也被称为“浙江省避暑气候胜地”。戴家山村村史近 400 年，因交通闭塞、乡村产业单调、产能衰减等现实问题，当地年轻人纷纷外出务工谋生，村庄逐渐出现“空心化”现象。为了解决这一问题，戴家山村响应政府推进“城里人第二居所，‘空心村’二次创业”工作的号召，引入精品民宿项目盘活乡村闲置资源，先后引进“云夕・戴家山”“独幽处”等高端民宿，逐渐转变为高端民宿的发源地。后来，戴家山村成为世界民宿论坛现场会的会址，被评为杭州城乡融合发展与乡村振兴路径的十佳案例之一。戴家山村抓住时机，将乡村的美丽资源转化成为美丽经济，走出了乡村旅游的重要一步。

2. 筑牢乡村人文基础设施建设基础

乡村人文基础设施蕴含着地方文化和历史记忆，其内容既包括历史建筑、传统民居等物质文化，又包括人文历史、风俗习惯等非物质文化，是文旅融合的根植地。只有在人文基础设施方面打好建设基础，乡村地方文化才能在新的时空条件下再次生根发芽，成为地方经济转型、地方文化自信的催化剂。因此，需要制订人文基础设施专项建设计划、出台资金支持政策，引导乡村加大对人文基础设施的资金投入;通过物联网、大数据、人工智能等现代信息技术，构建集文化展示、文旅资源管理、信息服务于一体的数字化平台，实现文旅资源的动态管理、实时监测。当地农民在参观、参与人文基础设施建设时，会逐渐产生乡村地方文化根脉的复归感、较强的群体归属感和自我认同感。这样的群体归属感和自我认同感能够帮助农民获得文化自信；而基础设施和人文建设的融合发展可以吸引更多的外来者，增强城乡文化交流，更好地提供乡村文化就业、创业的优质平台，推动乡村振兴战略实现。基于上述双重作用，乡村人文基础设施的建设和完善，提供了文化遗产的现代化管理手段，提高了乡村的旅游服务水平。乡村人文基础设施是旅游和文化升级转型的基础，只有在乡村人文基础设施完善的前提下，文化的传承和旅游体验才能形成良性循环，从而更好地推进乡村振兴战略。乡村人文基础设施的建设要进一步加强政策引导与资金投入，建立健全多维立体的保护利用体系，推动乡村文化旅游融合的发展取得价值转化。

3. 构建顺畅高效的交通网络

不管是发展乡村还是建设乡村旅游产业，都应立足于构建顺畅高效的交通网络，将城乡的距离以更高的通行效率、更紧密的空间联系转化为资源互通、产业互融的发展优势。《新时代的中国农村公路发展》白皮书的数据显示，截至 2023 年年底，我国农村公路总里程达到 460 万千米，长度可绕地球赤道 115 圈，10 年间增长 21.7%。县道、乡道、村道里程分别达到 70 万千米、124 万千米、266 万千米，农村公路桥梁达到 53 万座。在交通顺达的前提下，要根据“点、线、面”的一体化建设思路，结合当地实际制订系统化的道路规划细则，进一步优化城际与乡村之间的连接，依托城市与乡镇的交通枢纽及重要景区的位置，建设旅游交通集散中心，确保城、乡与景区间的道路覆盖。交通是建设乡村旅游产业的重中之重，布局合理、衔接精妙的道路设计可以达到“车在景中行，人在画中游”的效果，提升了游客的出行体验，并在无形中提升了当地的旅游业消费潜力。同时，交通也是发展旅游经济的强有力后盾，能够提升物流运输效率，进一步吸引商企投资，带动文旅行业协同发展，让乡村旅游产业的增长更加稳健长远。

4. 推进信息基础设施建设

在数字信息时代，推进新一代信息基础设施建设特别是5G基站的布局，将成为文旅融合的催化剂。要推进乡村文旅数字化进程，真正形成一个互联互通的乡村旅游网络。网络即时导航、线上支付、微视频分享等功能，能够满足游客社交、消费的需求，方便游客体验数字经济时代的新型乡村文化旅游。通过互联网平台，旅游区可以为游客提供电子导览、语音讲解、订单购买、反馈投诉等智慧旅游服务，提升游客的旅游体验。网络覆盖也能为乡村电商拓展销路，为当地农副产品销售、乡村民宿营销等提供销售和宣传的渠道。现在，乡村网络覆盖更加广泛，信息传输更加迅速，远程教育、远程医疗、远程政务等远程服务在乡村的覆盖面也逐渐更加均衡。

从基础设施建设的整体性来说，多角度、全方位地健全维护乡村旅游产业基础配套设施，是文旅融合与乡村振兴建设全面开花的先导条件。基建设施的完善为乡村产业升级提供了保障，加快了文旅融合的持续发展，能够引导农村经济发展和社会功能协调发展。

（二）推动农业生产与旅游服务的智能化升级

在文旅融合助力乡村振兴的主要框架下，农业生产与旅游服务的智能化升级既是产业转型升级的关键路径，又是实现资源协同和价值叠加的必要举措。凭借物联网、云计算、大数据等现代信息技术，建立农业生产与旅游服务的智慧管理体系，可以让传统的农业种植方式逐步向精细化、智能化转变；借助实时监控设备与智能传感网络，对农田环境中的温湿度、土壤养分、病虫害情况等数据进行实时采集和动态分析，可以保证作物生长的质量与景观价值，便于农产品最终进入文旅市场，实现衍生产品的售卖。

1. 农业生产与旅游服务在智能化升级中互相融合

在农业生产与旅游服务的智能化升级中，两者不能独立存在，而是互相融合、缺一不可。农业生产的升级带动乡村景观建设发展，而乡村旅游的兴起助力乡村产业结构升级调整以及乡村可持续发展。在旅游服务中，数字技术的智能升级与广泛应用为游客提供了前所未有的便捷体验。在乡村，逐步构建起的观光预订系统、线上支付平台以及互动导览工具等，使游客在参观历史遗迹或自然风光景区时，可以便捷地获取景区信息、制订游览计划和参与客制化体验项目等。先进的虚拟现实和增强现实技术则能够重现历史场景和民俗风情，使游客在参观过程中获得直观感受，深度理解乡村文化的内涵。农旅一体化下的农产品，不仅是农业的生产成果，而且是游客青睐的特色产品之一。游客在游览过程中可以借助智慧溯源功能了解一批农产品的生产过程或者直接参与到体验农事中，提升了对乡村农耕文化的认可度。这样的文旅融合模式延伸了农业产品的附加价值，令游客在体验过程中能够亲身感受到乡村原汁原味的乡土味道，从而达到经济效益和文化传承双丰收。

2. 构建农业生产与旅游服务多维智能升级格局

农业生产与旅游服务的智能化升级，目的是实现农业生产经营和旅游服务智能化升级的产业链纵向贯通，横向融通，构建出多主体参与、多方式参与、多渠道参与等多维智能升级的格局。其中，智能平台衔接农业生产、旅游服务、文化展示、物流配送等各个环节，形成了高效运转的智慧系统。在此基础上，可以实现农业生产动态信息与旅游服务体验信息互相反馈，为政策制定、资源配置提供依据，更好地优化乡村整体经济结构与产业布局。要构建现代复合循环的经济产业体系，统筹推动农业与文旅产业结合发展，打造产业和生态融合的宜居乐业美丽乡村，促进生产、生活、生态三者在乡村中的有机统一。例如，广西壮族自治区桂林市龙胜各族自治县龙脊镇的龙脊梯田是以梯田稻作农耕文化为主体，自然景观与少数民族人文景观相结合的风景名胜区。该地区经过当地政府多年来的旅游开发，梯田或是风景秀美线条流畅，或是群山环绕酷似一个天坑，大气磅礴，并在2007年被评为“中国经典村落景观”之一。在龙脊古壮寨梯田文化观景区，村寨的吊脚木楼依山而建，远远望去整个村寨刚好坐落在龙腰之上，四周的梯田似一圈圈的年轮环抱着村寨。梯田风景区的发展，正是在农业生产的基础上与农业文旅产业有机融合发展的产物。

推动农业生产与旅游服务的智能化升级，为乡村振兴带来了技术支撑和新型发展样态。乡村对智能技术的深度采纳，能够促进生产、服务与文化的精准对接，提升农产品的市场竞争力，为游客打造更具有丰富度和个性化的旅游体验，有利于乡村激发经济内生动力和文化传承动力，实现文化自信的有机统一。

（三）利用数字技术提升文旅融合质量

文旅融合是乡村振兴战略中一项极具前瞻性的举措。提升文旅融合的服务质量和经济潜能，依赖数字化手段实现文化资源的系统整合与智慧管理，从而不断提升文旅产品的内涵和文旅服务的精细化水平。现代科技的迅猛发展，为文旅融合提供了前所未有的契机，开辟了传承乡村文化和实现农业经济多元化发展的新途径。随着数字技术的演进和新型应用场景的营建，文旅融合将更加趋向定制化、个性化、智慧化服务，在传承传统文化遗产的同时不断满足人民日益增长的美好生活需要，也将为构建人与自然、历史与现代、城市与乡村和谐互动、互融互通的文明家园提供技术支撑。

1. 构建文旅数字信息平台

数字技术应用于文旅融合，可以实现跨界合作、延伸产业链，借助统一的信息平台，让不同部门、企事业单位之间实现互联互通，形成集资源、文化、旅游、农业、社会于一体的产业体系。文旅数字信息平台可以将散落于不同地点的文化遗产、历史古迹、民俗艺术及非物质文化资源进行数字化采集、存储和再展示，实现信息共享，为游客呈现出沉浸式、全方位、具有崭新面貌的旅游体验和文化认知；借助文旅数字信息平台的大数据分析与智能决策系统，各乡村对游客行为、消费偏好、参观路线以及文化活动反馈等，得以进行实时监控和动态评估，这为引导改进旅游服务、提升游客体验提供了精准、科学的参考依据。由此，服务流程和运营模式得以不断优化，在实现保障传统文化核心价值的同时，激发出乡村潜在的经济活力。

2. 数字技术融入文旅全程服务

数字技术对于传统产业的改造与重塑，不仅是技术的引进，也是思维模式的转变，是从过去的以单一硬件建设为主，转变为以数据为导向、以用户为中心的智慧应用。数字技术不仅仅应用在信息平台建设方面，更需要融入文旅全程服务中。通过多层次、多渠道数字化建设，可以实现对文化遗产保护传承，利用智慧系统优化游览线路、提升服务质量、降低运营成本和提高文化产品市场竞争力，从而形成一条充满生机和活力的文旅融合发展之路。在智慧导览方面，手机应用、电子导览地图和语音讲解等，可以让游客在游览过程中随时随地了解景区历史渊源、文化背景、艺术创意等；智能手机预订、线上支付、电子门票等方式，提高了游客旅游的便捷性和安全性，减少了游客的时间成本和了解成本；数据挖掘技术则对农产品、地方美食小吃、民族传统手工业等相关资源进行了精细化管理，从而更容易让这些具有地方特色的文化符号被外界所熟知，同时便于精准营销，进而实现文化和经济的双重价值。

3. 构建覆盖城乡、互联互通的数字生态体系

针对农村地区在数字基础设施、信息技术人才、数据采集与管理等方面存在的短板，必须制定科学合理的扶持政策和激励机制，推动各界共同参与，构建起覆盖城乡、互联互通的数字生态体系。这不仅能够为乡村振兴提供坚实的技术支撑，也将进一步推动文化产业与旅游产业的深度融合，使传统乡村在保持文化底蕴和历史魅力的同时，焕发出新的活力。更重要的是，利用数字技术提升文旅融合质量，还能在一定程度上缩小城乡之间在信息获取和服务质量上的差距，实现公共资源的均衡分配和社会福利的普惠覆盖，从而为实现全面建设社会主义现代化国家的目标注入源源不断的动力。

可以预见，随着数字技术的不断进步和应用模式的不断丰富，未来文旅融合

将不再局限于传统旅游模式，而是朝着“智慧旅游”“数字农业”“文化创意产业”等协同发展的方向迈进，从而在区域经济发展、文化传承与创新以及社会治理等多个方面发挥越来越显著的作用。伴随数字平台、移动互联网、大数据和人工智能等先进技术的深度融合，传统农业生产将实现从粗放型经营向精细化、智能化管理的转型，而旅游服务也将从以往的单一观光行程，转变为集文化体验、休闲娱乐和生态互动于一体的全新模式，两者相辅相成、相互促进，共同构成一个充满活力和创新潜力的产业体系。这种基于数字技术的全新运行模式，提升了文旅融合的整体质量，为乡村振兴战略注入了强大而持续的动力；在文化、旅游、农业和社会管理之间，形成了良性互动和协同增效的新局面。在这一过程中，要关注技术本身的革新，注重技术与人文精神、生态环境和社会价值的有机结合，使数字化转型不单是工具，更成为一种全新的发展理念和生活方式。数字技术在提升文旅融合质量方面具有不可替代的作用，它的应用为传统产业注入了新的生机，也为社会治理和公共服务提供了全新的思路和方法，从而在全局上推动了乡村振兴的深层变革。

四、规范服务标准，提升服务质量

乡村振兴战略强调要深化农村一二三产业融合发展，有序推进农事体验等新业态。文旅融合通过激发文化资源活力带动旅游业发展，不但强劲推动了乡村经济增长，而且突出改善了乡村基础设施状况，也增进了当地居民和游客对于本地文化的认同感。当前，文旅融合机制仍然存在服务标准不统一、质量参差不齐、从业人员专业素养不足等问题，亟须规范服务标准的管理，提升服务质量，促使文旅融合与乡村振兴更好地发展。

（一）建立健全管理制度与行业规范

行政管理融合是文旅融合发展的保障，要持续推进从中央到地方的文化和旅游管理一体化进程，从而构建更加协同且高效的运作体系。这不仅要求在机构设置上实现整合，更需在体制机制、职责职能及日常行政管理中形成深度协同，从而保障各个环节均能协调一致。各级行政部门应统筹规划与管理文化和旅游事务，推动旅游业与公共文化服务有机结合，使公共文化资源向景区延伸，同时鼓励文化场所创新发展。因此，文旅融合规范服务标准、提高服务质量的关键点在于依托行政管理部门建立健全乡村第三产业管理制度与行业规范，在全行业内形成尺度标杆，从而实现标准化、规范化发展。

1. 制定统一的文旅融合服务标准

针对当前文旅融合面临的文化资源使用失当、服务品质起伏不定和市场竞争混乱等问题，文旅融合的推进应当由政府主导、村民实操，推动各方参与，构建完善的管理体系，制定统一的文旅融合服务标准。从公共文化服务的视角看，文旅融合要厘清公共文化机构的职能范畴。乡镇文化站、非物质文化遗产保护中心及其他由政府牵头的公共文化机构，是政府主导的、面向公众提供公益性文化服务的非营利性组织，它们的核心目标是保障公民基本文化权益，传承并发扬中华优秀传统文化，推动全民教育水平的提升，促进社会教育和文化普惠；同时也承担着收集、编写和守卫乡村文化遗产的职能，为文旅融合提供文化素材库。文旅融合标准体系的构建，需以现有文化服务标准为根基，再同旅游服务标准实施有效融合，进而做到两者共同发展。从乡村振兴战略的视角出发，当前文旅融合领域的标准化创建较为薄弱，标准体系在内容分布方面存在不均衡现象，尚未形成既考虑共性又兼顾差异性的标准体系。此外，对于部分新兴的服务领域、更新过的服务形式以及新产生的服务策略来说，有必要依靠标准化手段来规范并加以改善。

制定统一的文旅融合服务标准，可以遵循以下路径。第一，从现有框架出发，展开系统性修订及提升。制定文旅融合服务标准需以现有文化服务标准为基础，再系统地融合旅游服务标准，达成文化和旅游范畴内资源的有效协作，并通过最优调配整合旅游服务标准。《“十四五”公共文化服务体系建设规划》为当前乡村公共文化服务建设提供了政策框架，强调标准化建设与城乡均等化。其关键在于巩固标准化创建和推动城乡公共文化服务走向均衡发展的主线，而这一切都是围绕着“如何给予优质服务”这一核心点展开的。第二，在文旅融合服务标准的制定过程中应既兼顾共性要求，也体现各个地区的特色。相关部门应依托《公共文化场馆无障碍服务规范》《文旅融合服务质量通用要求》等政策文件，制定具有广泛适应性的基础标准，确保基本服务底线，保证公共服务的质量需求得以全方位落实。同时，相关部门也要鼓励地方结合文化和旅游资源，制定不同的特色标准，突出加强地域专属的文化标志，在文旅融合的过程中为乡村振兴添砖加瓦。

2. 科学定位旅游资源

随着我国国民文化素质的不断提高，要实现文化与旅游的深度融合，调整旅游资源结构、构建旅游资源分级分类管理制度迫在眉睫。“文”是历久弥新的血脉，“旅”则是经济收益的涓流。对于文旅融合产业的文化资源，应当由地方政府、文化专家组成评估团队，对当地文化脉络进行系统梳理，划分成核心保护、适度开发、市场推广三种类型，明确不同类型文化资源的开发边界。对于文旅融合产业的旅游资源，则需要在政府主导下，按照乡村旅游资源的开发程度和乡村振兴水平，由行政部门统筹规划，将乡村旅游点划分为基础型、发展型、成熟型三个等级，分别制订相应的发展规划和管理要求，明晰文旅融合产业结构和特色。

从乡村振兴的视角出发，文旅融合已成为农村产业融合的重要蓝本，同时也是农村经济发展的必要途径。在文旅融合的进程中，有关部门应当对文化企业、农民专业合作社、个体经营者分别制定市场准入标准，明确三者各自的运营要求和法律责任，从而推动文旅融合产业的市场秩序稳定；对民族舞蹈、传统技艺、口述历史等非物质文化遗产代表性项目，应当建立数据库并进行数字化存档，确保文化在开发过程中不变样或遗失；对民族图腾、传统工艺、特色服饰等文化符号，应当在政府的支持下申请商标和版权保护，防止滥用或商业剽窃。乡村文化的根脉就在乡村，要想协调文旅融合有序促进乡村振兴，应当以乡村为重点，系统梳理和保护传统村落，并充分挖掘名人故居、乡愁情结的文化价值，结合旅游开发推动乡土文化与旅游产业的深度融合，形成互促共赢的新局面。

3. 优化村落生态，改善村落人居环境

村落人居环境适宜性建设与旅游业发展之间存在相互依赖、相互促进的关系。一方面，旅游业的发展需要依托优质的村落人居环境；另一方面，村落人居环境的改善往往受到旅游产业发展的带动。随着旅游业的持续兴起，乡村有望靠文旅融合迎来乡村的商业繁荣期。2021 年《农村人居环境整治提升五年行动方案（2021—2025 年）》出台，国家和地方各级政府均致力于推进美丽宜居乡村建设和农村人居环境整治。作为乡村振兴的重要组成部分，乡村旅游依托村落的生态休闲和观光价值，推动了村落产业结构转型与人居环境优化。为打破文化与旅游发展中存在的分离状态，应充分利用乡村振兴的重大战略，由政府先行通过统一规划和政策引导，形成初步融合动力；再通过市场机制的不断完善，逐步构建文化与旅游产业相互促进、协同发展的新模式和新业态。

在城乡转型发展进程中，凝结国民传统记忆与中华文化本根性的乡村价值日益凸显，休闲农业与乡村旅游成为“重返”乡村的重要形式。因此，要想吸引游客来乡村进行旅游消费，完善村落基础设施，如交通设施改善、垃圾处理系统建设等，提升村落生态环境至关重要。相关部门需要优化通往乡村的道路交通，增设旅游专线、接驳巴士、停车场等，使游客到达乡村文旅景区更加便捷。同时，也要在重点旅游村落建设综合服务中心，提供旅游咨询、文化展示、休息区等功能，提升游客的体验感。乡村旅游产业的兴起不仅激活了村落闲置建筑与街巷空间，还强化了各村落节点间的联系，进而推动了整体设施建设和人居环境改善。与此同时，旅游产业的发展促进了村落经济结构的转型，为村民提供了更多就业机会和收入来源，形成旅游发展与村落人居环境建设之间的良性互动。

（二）加强从业人员培训与素质提升

文化产业与旅游产业各具特色，两者的融合并非简单地叠加，而是系统性、深层次的有机整合，进而影响产业内涵的重构与拓展。在此背景下，行业对人才培养的要求亦随之提升。文旅融合从业人才建设需遵循“文化为魂、旅游为体、

科技为翼”的原则，通过教育链、人才链与产业链的深度咬合，培育既能解码文化基因，又了解市场运营的“文旅解码者”，最终实现“以文塑旅、以旅彰文”的乡村振兴新图景。在此过程中，要特别注意防止“伪融合”倾向，确保文化内涵的真实性传达与旅游体验的创新性表达达成有机统一。加强从业人员培训与素质提升，是乡村振兴与文旅融合高质量发展的关键环节。针对文化和旅游产业变革对人才培养提出的新要求，相关机构需构建与产业发展同频共振的人才培养生态系统，人才的培养需从系统性培养、专业化认证、持续性激励三个方面发力，解决乡村文旅服务人才短缺、技能单一、流动性大等问题。

1. **构建多层次培训体系**

文化和旅游融合的深入推进，对人才培养提出了更高要求，产业及政府机构对创意设计、专业技术、经营管理、政府管理、公共服务、运营管理等多类别人才的需求不断增加。人才素质和能力的要求正向跨领域、跨学科、复合型、创新型等方向发展。在乡村振兴背景下，旅游管理、文化产业管理专业等传统单一旅游学科培养模式，难以满足文旅融合的复合型能力需求，人才培养体系存在知识结构、能力培养、主体协同和评价体系四个维度的结构性矛盾。当前，高校文化和旅游相关专业的知识体系仍然以城市化视角为主，课程体系偏向宏观政策分析、文化产业管理、旅游经济学等，缺乏对乡村地域特色的关注。而乡村文旅融合涉及乡村文化传承、生态农业、民宿经济、乡村景观设计、非物质文化遗产保护等多元知识领域，传统单一学科导向难以培养适应乡村发展的复合型人才。乡村文旅融合发展需要跨学科的知识体系，结合建筑设计、旅游管理、乡村经济学，以提升民宿的品牌效应和经营能力；乡村非物质文化遗产的活化利用则需要融合艺术设计、市场营销等知识，以实现非物质文化遗产的商业化转化。高校可以开设乡村文旅专项课程，融合文化遗产保护、乡村规划、数字文创等内容，培养跨学科复合型人才。同时，相关院校也可以开放学习课程，为乡村文旅“小企业家”提供学习渠道，同时进行多学科交叉融合教学，提高从业人员对乡村文旅的综合认知和应用能力。

乡村文旅人才的核心竞争力在于实践操作和创新能力。应根据乡村振兴各领域（如农业技术、文化旅游、生态环保、乡村治理等）的特点及要求，制定统一的职业资格标准和技能要求，建立实践导向的评价体系，确保培训体系的科学性和权威性。在职权分工的过程中，要根据不同岗位特点和工作内容，将乡村振兴从业人员划分为不同的等级和类别，设计层次分明的培训体系。既要满足初级岗位的入门要求，也要为中高层管理人员和专家型人才提供专业认证路径，实现人才梯队建设和技能升级。同时，也要把评价工作与系统化培训相结合，开展多层次、宽领域的专业培训，由政府、高校、行业协会及专业机构共同参与，开展针对性强、实用性高的培训项目，通过理论授课、案例分析、实地考察和技能实操等多种方式，提升乡村文旅融合从业人员的专业素养和实践能力。

2. 建立健全从业人员认证系统

在乡村振兴战略的宏观背景下，文旅融合从业人员的专业化认证是系统性的工程，涵盖职业资格标准制定、培训与考核、第三方评估、数字化平台建设以及政策激励等的协同推进。政府应当发挥主导作用，构建一个科学、严谨且具有动态更新机制的认证体系，通过规范统一且具有可操作性的职业资格标准和技能要求，确保认证标准既具有理论依据，又符合实际应用需求。

具体而言，在制度设计与制度保障层面，应结合调研，依据乡村振兴及现代农业、文旅融合、生态环保和乡村治理等相关产业的实际工作特性，制定涵盖基础知识、专业技能、管理能力及服务规范等内容的标准体系，确保认证标准既有科学依据又具有可操作性。在统一标准的基础上，构建全覆盖、层次分明的认证框架，明确认证目标、认证对象、认证流程及考核方式，形成初级、中级与高级梯级分层管理模式，以满足不同岗位和不同层次人才的成长要求。分类分级管理能够更好地反映岗位特性和职业发展需求，为人才梯队建设提供依据。在实施执行与质量保证层面，认证体系的构建离不开系统化的培训支持。通过整合政府、高校、行业协会和专业机构等多方资源，面向人才资源开展有针对性的理论培训和实操训练，建立涵盖理论考试、实践技能考核及现场评估的多元化考核评价体系，并引入独立的第三方评估机构进行标准化评估，确保认证过程的公正、透明和权威性。鉴于技术和市场环境在不断演进，人才认证体系还需设计再认证与持续教育机制，要求从业人员定期更新知识、参与培训并接受重新考核，从而确保其专业能力与行业前沿保持同步。同时，制度设计要与质量保证形成良性互动，构建反馈机制，设立信息公开和社会监督平台以及跨部门、跨行业的信息共享机制，实现认证信息的互通和结果互认。最终，形成全国统一、规范化的认证体系网络，为乡村振兴提供持续的人才支撑，为文旅融合的高质量发展提供坚实的人才支撑和制度保障。

3. 完善从业人员激励与考核机制

文旅融合从业人员考核体系的构建应涵盖多维度指标，包括专业知识与技能、创新成果、工作绩效、社会贡献等核心要素。针对不同岗位和层级，建立科学化、差异化的评价标准，并综合采用量化与质性评价相结合的方式，确保考核体系既能精准衡量从业者的专业素养和技术水平，又能充分反映实际工作成效与服务质量。结合文旅融合与乡村振兴的战略要求，考核体系还应具备动态调整机制，根据行业发展趋势、政策导向及人才需求变化定期优化考核指标，确保体系的前瞻性与适应性。在具体举措方面，可以基于大数据和信息技术的人才绩效数据库，实现从数据采集、分析到评估的全流程数字化管理；也可以通过实时数据分析和具体成果汇总等技术手段，提高考核过程的透明度、公正性和工作效率。此外，考核体系的完善不仅依赖于政府部门的顶层设计，还应引入企业、行业协会、第三方评价机构及社会公众等多元主体，共同参与文旅融合考核标准的制定与实施；采用综合评价、专家评审、同行评议和社会监督等方式，确保考核结果的科学性、全面性与客观性。

在考核结果应用方面，应建立“考核→激励→监督→反馈→优化”的闭环管理机制，将考核结果与激励措施、人才培养计划、政策支持等紧密衔接。具体来说，可以定期召开文旅融合促进乡村振兴主题座谈会、研讨会及专家评估会，对从业人员考核体系的执行情况进行跟踪评估，并根据实践反馈适时调整考核标准，以实现体系的持续优化；从而在考核体系的基础上，建立健全多层次、多元化的人才激励机制，增强文旅融合领域从业人员的积极性和创造力。在物质激励方面，考核机构或相关部门可设立专项资金、岗位津贴、绩效奖金、科研资助等激励措施，对在乡村振兴及文旅融合领域表现突出的人才给予相应的经济支持。同时，可探索政府与企业、金融机构等多方合作，建立长期稳定的激励机制，为从业者提供可持续的职业发展环境和经济保障。除物质激励外，相关部门还需强化精神激励措施。例如，评选表彰先进个人、设立优秀人才荣誉称号、开展行业标杆评定等；通过宣传典型案例、推广成功经验、树立行业榜样等手段，营造积极向上的行业氛围，增强从业者的职业荣誉感和归属感，进一步激发人才向上的内生动力，从而提升文旅融合相关人才的素质水平。

（三）完善“标准化”监督与评估体系

在文旅融合与乡村振兴的治理语境中，“标准化”是指以政策法规为依据、以科学规范为基准，通过制定统一的指标体系、操作流程和评价准则，对文化服务供给、旅游开发行为以及乡村发展质量，进行系统性规范和动态化监管的制度化过程。“标准化”的本质，是通过建立可量化、可复制、可追溯的规则体系，实现资源优化配置、服务均质化供给和可持续发展目标。在文旅融合助力乡村振兴的框架下，完善“标准化”监督与评估体系是破解资源错配、服务效能不足等结构性矛盾的关键要求。

1. 建立统一的标准体系与顶层设计

标准体系与顶层设计是构建高效监管机制和推动文旅融合与乡村振兴战略落地的重要保障。政府需主导建立覆盖文化、旅游、乡村三位一体的标准化框架体系，明确服务内容、设施建设、管理流程等关键指标，以《乡村振兴中央预算内投资专项管理办法》为蓝本，整合《文化产业赋能乡村振兴意见》等政策要求，制定涵盖服务标准、设施标准、管理标准的规范。要明确标准体系的建设目标，通过统一标准提高公共文化服务、旅游服务和乡村振兴工作的整体水平，保障政策执行的科学性和有效性。与此同时，顶层设计不仅有助于统筹各方资源，还为标准的持续更新与完善奠定制度基础。由政府相关部门牵头，成立由文化、旅游、农业、城乡规划等多个部门组成的协调工作组，制订整体规划和顶层设计方案。在顶层设计方案中，详细明确各部门职责、监督权限与评估指标，建立跨部门协同机制，明确文旅、农业、住建等部门的权责边界及考核权重；依托大数据和信息化技术，构建标准执行效果的实时监测平台，对标准执行情况进行量化评估，为后续调整提供数据支持。

2. 完善反馈机制与动态调整

反馈机制与动态调整是构建“标准化”监督与评估体系的重要环节。其核心在于建立一个闭环管理机制，使标准制定、执行监督、评估反馈和标准修订形成互为支撑、不断优化的动态过程。标准化监督与评估体系应形成闭环管理机制，即在标准制定、实施、监督和评估之间建立动态反馈渠道，构建多层次、多主体的监督评估网络，确保信息能够在不同环节间无缝传递。通过设置多级反馈平台，如在线监测系统、专家研讨会、定期座谈会和公众意见征集机制，政府部门、企业、第三方机构及公众各层级参与者能够及时反映实际执行过程中遇到的问题以及改进建议。这种全流程反馈的机制有助于捕捉标准实施中的细节问题，为标准的后续优化提供依据。同时，还要定期召开由行业专家、政策制定者及执行单位代表组成的研讨会，对当前标准执行情况进行全面评估，将评估结果与实践经验反馈到标准的修订中，确保标准内容能够及时反映行业发展和技术进步。研讨会应重点讨论标准与实际操作之间存在的差距、技术进步和行业发展趋势以及因环境变化而暴露的新问题；对标准体系进行定期审查和必要修订，保持标准的前瞻性和适应性。对于监督过程中发现的问题，与会人员应当及时制定整改措施，并通过后续评估验证改进效果，形成持续改进的良性循环；对执行成效突出的单位给予奖励，对违反标准规定或评估不合格的机构进行问责，从而提升服务质量。

就反馈机制和动态调整来看，专家意见和评估结果需形成书面报告，并明确建议修改的具体内容和方向，为后续标准修订提供科学支撑。依据反馈信息和评估结果，建立标准定期审查机制；在固定的时间周期对标准体系进行全面检查，并针对行业技术更新、市场变化及政策要求等进行必要的修订。在修订的过程中，要充分考虑前期执行效果、反馈机制中反映的问题和未来发展趋势，确保修订后的标准既具有前瞻性，又能有效解决实际问题，确保标准化监督与评估体系始终紧跟行业发展和技术进步，真正实现科学、高效、可持续的管理目标。

五、借助数字化平台，创新发展模式

自 2022 年中央一号文件明确提出持续推进农村第一二三产业融合发展，实施“数商兴农”工程、推进电子商务进乡村以来，数字经济在乡村振兴中的作用日益凸显。2025 年中央一号文件进一步强调，要深入实施农村产业融合发展项目，培育乡村新产业新业态，深化“数商兴农”以及“互联网 +”农产品出村进城工程，为乡村振兴提供新动能。

在新一代信息技术快速发展的背景下，数字化平台正逐步成为推动文旅融合与乡村振兴的重要引擎。数字平台不仅能够有效打通农业、文化、旅游等多个领域的信息壁垒，还能够重塑传统发展模式，推动资源整合、营销升级和科学治理，从而为乡村经济和社会发展提供持续动力和技术支撑。从搭建乡村文旅综合数字化平台，到开展电商直播、线上营销，再到利用大数据实现精准服务与科学决策，均展示了数字技术在优化资源配置、促进产业协同和提升治理能力方面的巨大潜力。未来，随着数字化技术的不断迭代升级，数字化平台在文旅融合与乡村振兴中的应用将更加广泛和深入，为乡村经济和社会发展提供持续动力。

（一）搭建乡村文旅综合数字化平台

搭建覆盖乡村文旅全产业链的综合数字化平台，是实现文旅融合助力乡村振兴的基础。乡村文旅综合数字化平台旨在打通农业生产、文化传承与旅游体验之间的信息壁垒，实现数据、资源与业务流程的互联互通，从而构建一个开放、智能、协同的数字生态系统。乡村文旅综合数字化平台不仅能够为乡村各类资源提供精准定位和数据支撑，也能够成为资源配置、业务协同与产业链延伸的枢纽。搭建乡村文旅综合数字化平台是一项跨部门、跨行业、跨技术领域的系统工程，其目标在于实现乡村文旅全产业链的信息互联互通和深度融合。该平台的建设应遵循“多开放、互操作、可扩展、安全高效”的设计原则，通过集成多项新兴数字技术，实现信息采集、数据处理、智能分析和服务协同，为农户、文化传承机构、旅游运营商及政府监管部门等提供精准的数据支撑与业务服务，从而实现乡村文化与旅游资源的深度整合和高效利用，为文旅融合助力乡村振兴提供强有力的技术支撑和服务保障。

1. 制订总体规划与明确战略定位

乡村文旅综合数字化平台的总体规划和战略定位，需要立足“产业、文化、旅游”三大板块，充分发挥数字技术在资源整合、信息共享和智慧服务中的核心作用，推动传统农业、地域文化与旅游产业的深度融合，实现乡村产业结构优化和区域经济高质量发展。在制定乡村文旅综合数字化平台的总体技术路线、功能模块及发展阶段规划的过程中，要确保规划具有前瞻性和可操作性，以国家和地方乡村振兴战略为指导，整合政府、企业、科研机构、地方社群等多方资源，从政策、技术、标准、管理等多维度进行整体架构。乡村文旅综合数字化平台的顶层设计则需要明确该平台在数据采集、处理、共享与应用方面的整体流程和运作模式。具体而言，乡村文旅综合数字化平台需要规划建立覆盖农业生产、文化展示和旅游运营的多元数据采集网络，包括物联网传感器、遥感技术、移动终端及社交媒体数据等，实现“空—天—地”一体化数据资源库建设。乡村文旅综合数字化平台的顶层设计还需要工程师联合政府部门、企业、高校和研究机构进行深入调研，明确农业、文化、旅游各领域的关键需求与痛点，制订详细的顶层设计方案。该方案需涵盖数据采集、处理、存储、应用及安全管理等内容，并明确文化、旅游、农业、科技等部门作为参与方的责任分工和业务接口，从而实现标准化、模块化和可扩展的系统架构设计。

在乡村文旅综合数字化平台建设初期，应明确其在文旅融合助力乡村振兴战略中的战略定位，既要突出公共文化服务的普惠性，又要展现旅游产品的市场化运营；需要明确平台的核心目标，提升资源整合效率，促进文化传承与旅游消费的双向奔赴，并为政府决策、企业运营及社会公众提供数据支撑和信息服务。

2. 数据资源整合与信息化建设

数据资源整合可以打破“信息孤岛”，形成跨部门、跨领域的数据联通机制，进而实现数据共享、互补和协同效应。这为乡村产业链上下游企业、政府监管部门、文化传承机构及旅游运营商之间的信息对接提供了技术支撑，有助于形成“政府主导、企业参与、农民受益”的多方共赢局面。

乡村文旅综合数字化平台建设的基础在于构建多元化、实时更新的数据体系，包括文物、非物质文化遗产、历史档案等文化资源，景区、线路、住宿、餐饮等旅游资源，用户行为数据及市场反馈信息。在信息化建设过程中，乡村文旅综合数字化平台不仅要构建虚拟的数字生态，还要与实际的农业生产、文化展示和旅游服务系统进行深度对接。例如，可以设计让平台利用移动终端和智能终端实现现场数据采集，及时将农业生产、景区客流等信息上传至云平台，形成实时数据反馈闭环；通过在线预订、虚拟导览、数字展示等功能，为用户提供便捷的线上线下融合服务；采用物联网、卫星遥感、移动终端等多种技术手段，实现数据的自动采集和实时更新等。同时，还应该建立统一数据标准和格式规范，打通不同部门之间的信息壁垒，实现数据整合共享。在技术层面，需构建一个涵盖前台用户服务、后台数据管理、智能分析和决策支持的完整信息系统。在具体实践上，需要利用云计算、大数据、人工智能等前沿技术，建立数据仓库和信息处理中心，实现对数据的高效存储、快速处理与智能挖掘，为平台各项应用提供技术支持。同时，乡村文旅综合数字化平台的搭建也应重视系统的安全性和稳定性，建立完善的信息安全防护体系和备份机制。

3. 构建业务协同与服务融合机制

文旅融合与乡村产业相结合构建乡村文旅综合数字化平台，旨在打破传统产业边界，实现业务协同和服务融合，提升整体产业链效率与竞争力。业务协同的基础在于实现农业、文化和旅游各环节数据的互联互通。乡村文旅综合数字化平台应建设统一的数据中台，通过标准化接口和数据共享协议，实现资源数字化管理、数据融合和智能分析功能。乡村文旅综合数字化平台建设要以政府为引导，联合农业、文化、旅游、科技和金融等多领域的主体，共同参与平台的规划、建设与运营。在政府层面，要制定统一的数字化标准与数据共享规范，并设立专项基金和政策激励，保障各参与方在数据采集、技术研发和市场推广等方面的合作顺畅。在企业与机构合作层面，农业企业、文化机构、旅游运营商、科技企业通过共建共享模式，在乡村文旅综合数字化平台上实现信息互联互通和资源整合，形成覆盖全产业链的服务网络。在社区与农户层面，要充分吸收基层农户及社区组织的参与，通过定制化培训和技术支持，使其能够融入平台生态，提供一手农业生产及乡村文化资源。

在数据共享基础上，乡村文旅综合数字化平台应结合乡村实际，构建多场景的应用体系。依托乡村文旅综合数字化平台，可以对文化传播、旅游服务、资源管理等传统业务流程进行重构，形成线上与线下相结合的业务协同模式。例如，通过整合各类文化活动、旅游产品和公共服务资源，可以实现一站式查询、预订、支付、评价等全流程服务，打破“信息孤岛”和部门壁垒；利用人工智能和大数据分析技术，为用户提供个性化推荐、智能导览、在线咨询等精准服务；通过构建智能客服系统、虚拟现实和增强现实体验等新型服务方式，可以提升用户体验和参与感。同时，乡村文旅综合数字化平台也需建立实时数据反馈与评价机制，为平台优化和服务改进提供依据。这一平台不仅是政府、企业、科研机构、社会组织及公众共同参与的开放平台，也是信息技术的载体，更是多元主体参与、合作共赢的生态系统。在乡村振兴框架下，文旅融合搭建的乡村文旅综合数字化平台只有在多方协同与服务融合方面形成合力，才能真正建造出高效、开放、智能的数字化生态系统，为乡村振兴注入新动能。

4. 政策支持与人才保障

推动乡村文旅综合数字化平台建设，需要政府制定配套政策和提供专项资金支持。在战略规划整合层面，国家及地方政府在乡村振兴和数字经济战略中，将乡村文旅融合和数字化平台建设纳入整体规划，出台与之相适应的中长期发展规划和专项支持政策，确保各项举措有章可循。在政策协调机制层面，应当建立跨部门、跨区域的政策协调机制，打通农业、文化、旅游、信息、金融等领域的政策壁垒，形成政策联动效应，从而推动乡村文旅综合数字化平台在政策层面获得全方位支持。具体来说，政府可以设立专项扶持基金，支持乡村文旅综合数字化平台的基础设施建设、技术研发和运营推广；同时，出台项目申报、评估、验收等相关配套政策，对参与乡村文旅综合数字化平台建设和运营的企业、机构给予税收减免、补贴或贷款优惠，激励社会资本积极投向乡村文旅融合领域，形成多元化的投融资格局，降低平台建设和运营成本，促进各方积极参与和协同创新，确保资金高效落实。

乡村文旅综合数字化平台建设对技术、管理及运营人才提出了较高要求。相关部门应通过校企合作、人才培训、引进高端人才和建立专家顾问团队等方式，形成一支涵盖信息技术、数据分析、业务管理及市场营销等多领域的复合型人才队伍，为平台的顺利运行和持续创新提供人才保障。同时，相关单位也应该注重乡村本地人才的培养，通过开展农村电商、智能农业、文旅运营等专题培训，提升农户及乡村经营主体的数字化应用能力，使其能够主动融入乡村文旅综合数字化平台运营体系。此外，地方政府应根据本地实际情况，制定具有针对性的引才留才政策，如住房补贴、生活补贴、职业发展规划等，为人才扎根乡村提供具有吸引力的良好环境。

（二）开拓电商直播等线上渠道

作为促进乡村振兴视域下农村经济转型升级的重要路径，文旅融合吸引大量游客涌入激发了休闲农业的活力，为农村电商线上线下良性互动提供了坚实的基础，进而推动了两者的持续健康发展。20 世纪 90 年代中期，随着互联网在城市的普及，针对我国农业领域农产品价格波动大、销售渠道狭窄等问题，政府主导实施了一系列农业信息化建设工程。其中，1994 年启动的“金农工程”是构建农业综合管理与服务信息系统的重要举措。“金农工程”的核心系统——中国农业信息网，于 1997 年正式开通。尽管中国农业信息网尚未直接实现网上交易，但它通过整合农业新闻、技术指导和市场行情信息，在一定程度上缓解了农业领域的信息不对称问题，推动了农业生产经营效率的提升。此后，各地纷纷效仿，建立了农业信息发布平台。截至 2020 年，全国电商服务站行政村覆盖率达到 78.9%，县均农业农村信息化社会资本投入超过 3000 万元，县级农业农村信息化管理服务机构覆盖率为 78.0%。从“淘宝村”自下而上的发展模式，到近年来由平台、行业协会、服务商和政府多方参与推动的发展模式，都显示出农村电子商务正在向多元化、专业化和区域化方向转型。

电商直播等线上营销是电子商务的重要组成部分，为传统农业及乡村旅游提供了全新的宣传和销售渠道。线上营销通常以生动直观的方式，呈现乡村特色文化和农产品优势，提升品牌影响力；同时，线上平台后台数据的反馈能够为乡村文旅产业优化产品结构和服务模式提供强有力的支持。乡村文旅产业依托电商直播平台，可以实现实时展示互动，一步到位销售农产品、文化体验和旅游线路等特色商品，从而打破地域限制，拓宽了市场边界。此外，线上平台能够整合社交媒体，依托大数据分析等技术实现精准推广和个性化服务，有效激发消费者的消费需求，提升乡村产品附加值和市场竞争力，为乡村振兴注入新的经济活力。在数字经济高速发展的背景下，电商直播等线上销售渠道已成为推动乡村产品推广和文旅融合的重要途径，为文旅融合提供了创新突破口。

1. **构建集约式线上综合销售平台**

当前“互联网 +”产业模式蓬勃发展，各类型产业的交易模式正逐步向数字化转型。然而，在乡村振兴领域，电商和旅游平台的数量仍然有限，更缺乏集休闲观光旅游与特色农产品购物于一体的综合性平台。文旅融合的相关主体在构建综合销售平台的过程中，普遍存在意识不足和缺乏长远规划等问题。具体而言，部分平台在内容呈现上主要依赖图片、文字和视频的简单堆砌，造成平台间内容高度同质化、展示形式僵化等问题，难以针对游客多样化需求实现个性化推荐，休闲农业与乡村旅游线路的智能匹配机制难以有效构建。此外，部分销售平台普遍缺少线上预订功能和即时咨询机制，严重影响了平台的吸引力与用户互动体验。这些问题反映了在当下乡村文旅综合数字化平台建设的过程中，仍然缺乏系统性战略和专业化运营指导，使这些问题成为文旅融合助力乡村振兴的障碍。

为解决文旅融合平台存在的内容同质化、互动体验不足以及预订功能欠缺等问题，构建集约式线上综合销售平台，拓展电商直播路径具有重要意义。首先，政府应当发挥引领、主导作用，充分发挥职能，加大政策支持力度，积极培育和扶持新型经营主体，构建权威且真实的乡村文旅综合数字化平台。该平台不仅是乡村文旅电商信息的展示窗口，也应当充分利用互联网和大数据技术，整合多元经营主体、游客及政府管理资源，促进平台实现线上线下相结合的O2O（线上到线下）模式。其次，乡村文旅综合数字化平台能够借助直播的实时互动优势，邀请专业主持人、地方文化专家及农旅经营者共同策划直播内容，通过现场演示、深度访谈和实地体验展示等，打破传统静态的展示模式，增强内容吸引力和差异化。与此同时，还可以通过多种媒体形式丰富内容，采用营销手段讲述品牌故事，为消费者提供立体化信息互动体验和个性化服务，全面提升乡村文旅电商融合的运营效率和服务水平。再次，为实现线上销售目标，乡村文旅综合数字化平台必须依托专业电商平台，有机整合乡村特色产品、文化旅游线路和地方非物质文化遗产等内容，与当地农业、文化、旅游等多方资源建立数据共享机制，保障产品信息、库存数据和物流信息的实时更新。最后，在搭建独立销售的乡村文旅综合数字化平台时，也要支持平台与主流电商直播平台的接口对接，实现数据与订单的统一管理，构建全渠道、全场景的营销闭环；利用大数据和人工智能技术实时分析直播过程中用户的行为和偏好，确保直播内容与产品精准匹配，为游客和消费者提供个性化的休闲农业与乡村旅游线路推荐服务。

2. 实现专业内容策划

电商直播在传播“三农”内容及推广乡村文化的过程中发挥着越来越重要的作用，其成功的关键在于内容的呈现。在当下，诸多“三农”电商直播问题亟待解决。部分农户主播为博取关注，通过精心设计的剧本和虚构的人设，传播与实际情况严重不符的内容。随着虚假内容被识破，这些主播的形象迅速崩塌，引发公众质疑和舆论争议。直播内容失真问题出现的原因，一是乡村电商对网红个人信誉过度依赖，二是农产品品控机制缺失。此外，在农产品直播销售过程中，部分数字新农人还因选品、监管和售后服务等环节经验不足，加之农产品具有季节性和易腐性特点，常出现“卖家秀”与“买家秀”不匹配的现象，致使消费者信任流失。北京阳光消费大数据研究院发布的农产品直播电商消费舆情分析报告（2023 年）显示，负面舆情中虚假宣传问题占比最高，达到 52.48%；紧随其后的是产品质量问题，占比为 22.77%；价格诱导和违反常识问题占比分别为 11.88% 和 10.23%。这些数据说明乡村振兴中的电商直播带货环节的信任机制亟待完善。面对上述问题，构建专业内容策划体系显得尤为紧迫。

构建高质量直播内容应从选题、制作和包装三个环节入手。在选题阶段，内容创作团队应明确自身在“三农”领域的专业定位，深入挖掘乡村文化的内涵，形成权威且具有特色的创作风格。直播团队可以根据平台算法和用户偏好，整合乡村文化、农产品特色与旅游景区优势，着重宣传如乡村文物古迹、田园风光以及节庆活动等具有地域和文化内涵的主题，避免简单复刻传统产品模式。在制作环节，内容创作团队前期可以探索平台覆盖率低的细分领域，选择差异化的内容输出，在激烈的市场竞争中确立独特优势；后期通过制定科学合理的文案策略和脚本设计，采取图文、中长视频等多样化形式，呈现丰富信息，确保内容既具有故事性又富有深度。在包装环节，内容创作团队通过精心设计产品的标题、封面及标签，提升传播的精准性和吸引力。主播的有效推广也是产品包装的一部分，要对主播进行专业培训，提高主播的产品知识、直播技巧与互动能力，使其不仅能够生动讲解产品优势，还能传递地方文化和生态环境的独特魅力，塑造具有鲜明乡村文化特色的品牌形象。在直播过程中，内容创作者必须坚持主流价值的导向，确保传播内容真实客观，杜绝夸张和低俗化倾向。同时，直播也要结合平台各类促销活动、限时抢购、会员优惠等激励机制，形成销售闭环，提高转化率和用户黏性。总之，电商直播只有通过科学选题、严谨制作和精准包装，才能让产品和产业在激烈竞争中树立良好品牌形象，增强自身吸引力。

3. 建立城乡物流配送一体化服务体系

实施乡村振兴战略，必须重塑城乡关系，推动城乡要素双向流动和均衡交换，实现生产力优化分工和经济合理布局。现代物流是城乡融合的重要桥梁，物流的双向流通功能既要求解决农业生产资料及农村生活消费品的“工业品下行”问题，又需破解“农产品上行”过程中存在的阻碍。目前，由于农村村民居住分散、需求不集中及交通基础设施薄弱等状况，农村地区的快递和物流服务往往面临高成本、低效率和服务覆盖不足的问题，普遍存在“下不去、上不来”的瓶颈。与此同时，农产品物流受到农业生产季节性、生物属性及流通模式落后等因素的制约，使得物流标准化程度低、运作效率不高和成本高昂等问题更加突出。这不仅导致农产品在流通过程中易腐烂损耗，而且在信息不对称和议价保障薄弱的情况下难以保障农民的基本利益，严重影响农产品品质和品牌建设。在文旅融合的背景下，物流不仅要满足优质农产品上行和工业品下行的基本要求，还需服务于文旅资源的整合与传播。因此，建立以信息平台为纽带的城乡物流配送一体化服务体系，既要打通销售终端，也要构建农产品流通的起点，借助“互联网 +”电商模式，构建从生产、深加工到销售配送和信息服务的供应链，实现文旅产品的精准推介与高效配送，为游客提供个性化、定制化的体验服务。

文旅融合需要城乡要素的双向流动，打破城乡二元结构，构建“以城带乡、城乡互促、共同繁荣”的新型城乡关系。完善的城乡物流配送一体化服务体系既能保障农村生活消费品和工业品的高效流通，也能将乡村独具魅力的文化旅游资源有效“推向市场”，形成以文化旅游为载体的品牌效应，进一步提升农村集体经济水平和居民生活质量。相关部门必须推动物流网络升级，建立覆盖城乡的高效物流体系和供应链管理平台，通过技术创新和智能调度优化运输时效；建立信息共享平台，提升配送效率和服务质量，为农旅电商的深度融合提供坚实的基础保障。物流网络基础设施是农旅电商运行的核心支撑，大部分农村地区在网络普及率上与城市地区存在显著差距。电信部门应加大宽带和移动通信网络的覆盖力度，提升农村信息化水平，使农民电商销售的过程“有网可依，用网便利”。在电商销售的物流源头，应着力完善农村物流基础设施建设，重点强化产地集配中心、田头市场、保鲜储存及配送等配套设施和技术投入，降低“最初一公里”的物流成本。交通道路建设则直接决定了农旅产品的市场接入和物流效率。目前，部分乡村仍存在交通便利性不足的问题，公共交通工具难以进入，乡村道路和公共交通系统亟须完善。交通部门应当统筹规划农村区域内主干道与次干道的互联互通和路面保障，实现物流通道的无缝衔接。

（三）利用大数据实现精准服务与科学决策

2015 年 9 月，国务院发布《促进大数据发展行动纲要》，明确要整合数据资源，以数据驱动产业创新和新业态培育。自“十二五”期间提出“智慧旅游”以来，我国在文旅融合领域投入大量资源，推进各类数字化项目的落成与实施。然而，在实践的过程中，部分地区仍存在概念化空转或过度追求短期成果的问题，未能深入挖掘大数据在文化建设和旅游产业发展中的战略价值。大数据不仅是文化建设的基础工程，也是旅游产业发展的关键动能，更成为推动乡村振兴、实现精准服务与科学决策的重要技术支撑。在文化事业、文化产业及旅游业日益数字化、个性化的趋势下，游客需求日益多样化，消费方式也在快速演变，要对市场规模、需求结构及偏好进行精准把握，必须依赖大数据技术的支撑。“十四五”规划进一步确立了实施国家大数据战略的目标，文化和旅游作为其中的重要领域，同样需要加强统计基础建设和大数据应用。利用大数据实现精准服务与科学决策，搭建数据采集、数据预处理、数据深度分析、智能数据推送以及数据安全管理为闭环的数据驱动服务体系，对政府、企业、社交媒体及移动终端等多源数据进行整合，形成全面、准确且实时更新的数据信息库，才能发挥大数据在推动产业升级、提升公共服务质量和促进经济与社会发展过程中的重要作用。

在数据采集与处理环节，要重点关注实时获取多维度信息，对数字化平台检测到的消费行为、用户反馈等原始数据进行系统预处理，剔除冗余信息，实现数据标准化，保障开展数据精细化分析时基础数据的质量。在数据采集环节，可以利用统计分析、机器学习等方法对数据进行深入挖掘，构建用户画像，揭示乡村文旅融合平台用户的偏好和消费习惯。同时，还可以依托历史和实时的数据建立预测模型，提前识别潜在风险和市场机遇，为资源配置提供科学依据，实现文旅融合业态中公共服务与产业资源匹配的最优解。

在精准服务方面，要依托数据分析的成果，构建大数据平台智能推送体系，精准匹配用户需求，实现个性化的文旅路线规划、定制化农产品推荐及其他服务的定向推送，提升游客满意度和整体体验。与此同时，利用大数据实时监控服务执行情况和用户反馈，构建动态调整机制，确保服务策略能够及时响应市场变化和突发事件，为政府和企业决策层提供直观的数据可视化图谱和风险预警信息，进而实现从数据采集到决策支持的闭环管理。此外，数据安全与隐私保护始终是大数据应用的重点关注部分。不仅要确保数据在采集、存储和传输各环节均符合法律法规要求，更要提高公众对数字化服务的信任度，构建完善的数据加密、访问控制及匿名化处理机制，为文旅融合的长效发展提供安全、稳定的技术保障。

总的来说，大数据技术在文旅融合与乡村振兴领域的应用，既能实现服务的精准定制和资源的优化配置，还能将文旅融合对乡村振兴的助力向智能化、信息化和精细化方向不断深化，为经济与社会的协调发展注入强大动力。借助大数据分析，政府部门可以更准确地识别乡村发展中的短板和瓶颈，制定更具有针对性的扶持政策；企业则可根据市场数据调整营销策略，实现供需精准对接。

（四）技术赋能下的多元实践与创新路径

在数字技术深入文旅产业发展的当下，数字文旅正在凭借它的多元化实践重塑行业边界。从生态修复到非物质文化遗产激活、从区域均衡到差异化发展，技术能力和模式创新成为破局的关键。这股数字化浪潮正以前所未有的广度和深度，改写文旅产业的底层逻辑，让传统文旅资源和新兴技术获得无限可能。

1. 生态文旅的数字交汇——以徐州潘安湖为例

江苏徐州潘安湖生态文旅项目堪称资源枯竭型城市的转型典范。徐州的潘安湖曾长期为采煤矿区，在日复一日的工业蹂躏下陷入了塌陷区广泛分布、生态系统濒临崩溃的绝境。而现在，当地把湿地文旅同科创进行综合结合，完成了令人震惊的涅槃重生。

在生态修复的科学推进中，数字孪生技术成为关键引擎。2011 年，为改善区域生态环境，徐州市委、市政府从改善人居环境、拓展生态空间的高度出发，把潘安湖采煤塌陷区生态治理修复工程作为振兴老工业基地发展的重中之重，将其设置为贾汪区经济社会发展的头号工程，启动了潘安湖湿地公园建设项目。项目组建立了精密的生态监测系统，数千个传感器如精细神经网络一般，在湿地土壤、水域和植被之间扎根，实时跟踪水质参数、植被生长周期和生物多样性动态。这些数据迁移到数字孪生平台生成湿地的孪生镜像，技术人员从而能够准确模拟生态干扰的效果，为芦苇补种区域的选择、水质净化方案的优化提供了科学支撑，使生态修复从经验驱动转向数据驱动。

在游客体验方面，智慧研究平台的构建更是将数字能力发挥到了极致。游客佩戴虚拟现实设备可以“穿越”到采煤作业的历史场景，目睹曾经的生态创伤；而增强现实导游解说则随时待命，只要扫描湿地植物就可以了解其生态价值和修复故事。2024 年，涌入潘安湖的游客和研学团队超过 50 万人次，在数字化场景中生态保护意识得到了启蒙和深化。潘安湖的生态修复经验使数字化实践具备了清晰的、可复制的路径，从而得以成功入选联合国案例库，成为数字技术赋能生态文旅、助力城市转型的全球范例，为世界各地资源枯竭地区点亮了转型的数字灯塔。

2. 非物质文化遗产活化的数码神经——从道明竹编到畲族银饰

非物质文化遗产作为传统文化的珍贵基因，曾面临传播渠道狭窄、产业模式陈旧、传承中断的危机。而数字工具的介入，正在为非物质文化遗产活性化开辟破界新途径，让传统技艺重新拥抱时代浪潮。

四川成都的道明竹编就是传统手工艺借助数字化转型新发展的典型案例。它将非物质文化遗产工坊同设计师进行联名，并开辟了电商销售渠道，形成了完整的数字化产业链。在产品设计阶段，3D 建模技术大显身手，设计师准确扫描竹编的纹理、形态，还原工艺细节；线上的设计形式打破了地域限制，实现线上协同设计，将现代时尚美学与传统竹编技艺深度融合，为作为实用农具的竹编产品赋予了艺术价值。直播电商更是流量转型的核心阵地。主播们在镜头前展示竹编从原来的竹节丝到成品诞生的全过程，通过镜头特写，让观众看到编织纹样中的匠心设计。2023 年，道明竹编产品远销 20 个国家。数字链接的构建，不仅让道明竹编的经济价值飙升，也让这门技艺的文化符号在全球消费市场持续扩散。

福建宁德畲族银饰的破局之路，则来自短视频平台以及非物质文化遗产代表性传承人 IP 的品牌塑造。畲族银饰的非物质文化遗产传承者通过网络成为传统文化的“数字传播者”。在短视频中，不仅展示了锻造银饰时火星飞溅的意象，还透过银饰纹样叙述了畲族图腾的神秘寓意，记录了与家族长者年轻学徒的传承故事。这一类火爆的带货视频使销售量破百万，创造了销售奇迹。这种“小众文化，大众传播”的逻辑，准确把握了年轻消费群体对独特文化符号的追求，让畲族银饰从深山的工坊走进城市年轻人的生活，进一步展现了传统技艺得到传承的新希望。

3. 为区域均衡发展注入新动力——东北与西部的两个案例

东北老旧工业基地和西部生态脆弱地区曾因地理位置、资源禀赋等因素在文旅发展道路上相对落后。而数字文旅的兴起为区域均衡发展注入了新的动力，使这些地区找到了差异化的破局钥匙。

吉林延吉朝鲜族的文旅融合另辟蹊径，激活了当地独特的地域特色。文旅策划者们在当地构建起了民俗美食数字化的产业链，利用虚拟现实技术让民俗美食成为民俗文化展示的窗口。游客们戴着虚拟现实设备，就像踏入朝鲜族传统厨房一样，切身感受到冷面制作时面条劲道的弹性以及泡菜腌制的坛坛罐罐和秘制腌料。电商平台则打通了销售渠道，让朝鲜族饮食从家庭作坊走向全国乃至全球消费者的餐桌。2023 年，延吉文旅收入实现了超高速增长，增长率高达 67%。小而美的数字文旅形态，让延吉的朝鲜族文化名片更加鲜明，也为东北地区文化的数字化挖掘提供了可以借鉴的样本。

在我国西部地区，青海“品牌化小城市”的探索成果同样令人惊叹。当地荒漠化的地理条件本来是生态脆弱地区发展的劣势，但数字化思维使其转化为特色优势。2018 年，中国首个火星研学旅行实践教育营地在青海海西冷湖火星小镇诞生。2020 年，该小镇获得“青海省科研科普基地”的称号；2021 年，成为中国卫星导航定位协会评选的“北斗科普基地”；2022 年，再获新誉，成为中国科学技术协会的“全国科普教育基地”以及青海省文化和旅游厅的“青海省文化和旅游产业双创基地”。当地小镇项目组利用卫星遥感、无人机测量技术构建了真实的虚拟火星场景，将荒漠沟壑、沙砾转化为火星地表的数字镜像。在网上，天文爱好者通过数字平台预约“火星之旅”，沉浸式体验充满科幻气息的场景。在线下，小镇打造火星主题住宿、火星研究基地，2024 年接待天文爱好者超过 20 万人次。这种由数字化思维驱动的差异化发展，突破了地理和自然资源的限制，为西部生态脆弱地区开辟了以奇制胜的地方文旅新路径，证明了数字文旅可以成为边远地区文旅发展的全新增长极。

从生态修复的科学监测，到区域发展的均衡补充，数字文旅正在书写以技术为笔、以创新为墨、产业融合的宏大篇章。未来，要持续深化技术应用场景，让人工智能更准确地洞察游客需求，让区块链为文旅资产维权保驾护航，让元宇宙为文旅体验创造更多可能性。只有数字工具真正成为文旅创新的“催化剂”，才能推动行业朝着更智慧、更包容、更有活力的方向发展，才能让每个地区独特的文化、传统技艺都能在数字化浪潮中锁定独特的坐标，绽放出属于自己的光芒，最终描绘出全域协同、百花齐放的数字文旅新蓝图。

六、生态保护与可持续发展

乡村振兴本质上是乡村地域系统可持续发展的问题。在可持续发展理论中，“发展”不仅要求满足当代社会经济良性循环的需要，更强调“发展”的过程不损害后代人享有同等资源和环境保障的权利。以生态延续性为基础的可持续发展理念，为农村生态保护提供了理论依据和实践方向，也为实现农村生态、经济、社会效益的统一提供了路径保障。文旅融合的核心在于，以文化旅游为纽带，实现城乡资源、经济与生态环境的高效整合和优化配置。山水资源作为乡村振兴的基本优势，不仅是自然美景和生态环境的直接体现，更承载着丰富的历史文化内涵，是文化传承与生态保护的基石。因此，在文旅融合的过程中，旅游业的发展应当立足于“人与自然和谐共生”的基本观点，在保证乡村生态环境原真性的同时，深度传承和挖掘文化元素，推动旅游产业向高质量发展转型。乡村经济、生态环境与文化旅游是一个相互促进、协同发展的整体系统。在乡村振兴的具体实践中，需要充分利用文旅融合的优势，将乡村独有的自然景观和人文资源进行有机整合，推动经济生态化与生态经济化的协同发展。

从乡村振兴战略层面来看，要依托文旅融合，将乡村经济、生态环境与文化旅游有机统一，构建相互促进、协同发展的整体系统。一方面，建设旅游型乡村需要着力培育村民的生态保护意识和文化自信，以严格把控旅游开发规模、确保区域生态承载力为前提，避免低水平的重复建设与同质化现象。另一方面，必须充分挖掘和传承乡村内在的历史文化与生态价值，塑造具有地域特色的大地景观和林相景观艺术，形成独特的生态文化品牌，提升乡村整体形象，改善公众对乡村的刻板印象，为构建“生态优先、文化兴盛、经济繁荣”的现代乡村提供坚实的基础和广阔的发展前景。

（一）资源整合与优势互补

文旅融合推动乡村振兴的进程中，乡村的“资源整合”和“优势互补”是两个密不可分的概念，两者都是实现乡村经济、文化和生态协调发展的核心策略。具体而言，乡村资源整合是指系统地梳理、归类和整合分散在乡村各个领域的自然、农业、文化遗产、历史建筑等资源，构建整体性和协同性的资源体系。乡村资源整合的过程不仅囊括科学规划与合理利用现有的资源，还要求深入挖掘各类资源之间的内在联系，最大化地发挥整体效益。优势互补则强调不同主体之间的协同合作。政府、企业、农户等文旅融合的参与主体在自身领域内拥有不同的资源和能力，通过跨界合作和协同发展的方式互相补充，可达到整体效益的提升。譬如，政府在政策引导和资金扶持方面具有先天优势，企业则在市场运作和品牌塑造上更为专业，而农户及地方文化团体则掌握着最原始、最直接的地方资源和文化传承经验；各个主体优势叠加，往往能够突破单一力量的局限，形成“1+1>2”的效应，提升乡村资源的整体竞争力。

对当下的文旅融合与乡村振兴来说，整合分散的乡村资源可以有效避免重复开发和资源浪费，使资源产业形成统一的产品业态和品牌效应，吸引更多游客与投资者，推动地方经济的稳健增长。对于这一良性互动，应当探索具备多方互动、利益共享和互利共赢特征的文旅融合发展模式，这不仅有助于激发乡村内生动力，实现经济与文化的双重提升，而且能够促进生态、文化、旅游和农业有机联动，为乡村振兴提供持续的战略支撑，注入持久动力。

1. 保护与传承地方生态文化资源

生态文化资源指在特定区域内蕴含的自然生态系统、地貌特征、森林水体等自然资源与地方历史民俗、非物质文化遗产等人文资源的有机融合体。生态文化资源具有显著的地域特色和综合性，在保护与传承地方生态文化资源的基础上进行合理开发，既要求开发者有效维护当地自然环境，也要求开发者重视地方文化的传承和创新。生态文化旅游涉及旅游、环境保护、文化传承、城乡建设等多个领域，是依托自然与人文资源、遵循可持续发展理念、力图降低旅游活动负面影响的综合发展模式。它强调以保护自然生态为前提，以资源整合与优势互补为目的，传承与弘扬地方文化资源。因此，生态文化旅游被视作集生态体验、生态教育和生态认知于一体的旅游方式，是推动生态文明建设的重要载体。

当前文旅融合开发的过程中，部分区域尤其是生态资源较为丰富但经济相对落后的地区普遍存在过度开发现象。部分开发主体在追求经济效益时，忽视保护生态环境和文化传统，导致资源利用失衡，影响区域整体的可持续发展。对自然生态环境来说，自然资源通常较为直观、易于感知，在遭受破坏时容易被公众察觉。但由于文化资源具有无形性和潜在性，对文化资源的保护与传承问题常常被忽视。同时，文化资源一旦失真或流失，其修复和传承就变得更为困难。然而，在现行政策和管理体制中，跨部门协调与资源整合尚未形成长效机制，难以在保护与开发之间实现有效平衡。

2018年文化和旅游部发布的《国家级文化生态保护区管理办法》明确指出，文旅融合发展在推动文化生态保护和非物质文化遗产资源保护中发挥重要作用。解决当前生态与文化保护失衡、资源开发与环境保护矛盾以及多部门协调不足等问题，应从顶层设计、产品创新、多部门协同及公众参与等多个维度探讨，构建科学合理的长效机制。

2. 自然资源与文旅资源协同开发

实现自然资源与文旅资源的协同开发，必须在顶层设计与规划统筹上形成科学、系统的发展模式，确保在充分保护生态环境和传承文化内涵的前提下，实现资源的高效整合与优势互补。在区域规划中，应依据资源特性和区域发展需求，制定涵盖自然生态系统与文化遗产的综合性规划，明确开发边界和保护红线，科学评估资源承载能力，并确立各类资源在区域经济、社会和文化发展中的战略定位。与此同时，还需构建跨部门、跨领域的协同管理机制，将旅游、环保、文化、城乡建设等相关部门有机联结，通过信息共享、数据整合与联动监管，实现开发过程中的统一协调和风险防控，确保在开发中既不损害生态功能，也不破坏文化遗产的历史价值。以此为基础，可以形成一套既符合可持续发展要求，又能激发区域内生发展动力的长效机制。

推动产品创新与技术赋能是促进自然与人文资源协同开发的重要路径。依托区域独特的自然风光和深厚的历史文化底蕴，应设计开发兼具体验性、互动性和教育性的融合型旅游产品，从而打造具有差异化和竞争力的文化与生态双重品牌。同时，应积极引入大数据、云计算、虚拟现实、增强现实等现代信息技术，对自然与人文资源进行数字化管理和实时监测；搭建智慧旅游平台，实现资源信息的高效共享和精准推送。政府、企业与社区应当协同合作，通过引入专业机构、社会资本和第三方评估机制，推动区域产业链的延伸和三产融合发展。此外，还要加强生态文明和文化传承教育，提升公众的保护意识和参与度，为资源开发提供多元化的创新思路和社会支持，从而在经济效益、生态保护与文化传承之间形成动态平衡，实现区域经济、社会与生态文明的协调、可持续发展。

3. 资源保护与生态补偿相结合

文旅融合中资源的保护与开发利用必须明确划定保护红线和开发边界，确保文旅资源既能被充分利用，又能实现长效可持续的生态保护。生态补偿机制的核心在于，以资金、政策、技术及实物等多种补偿方式，将环境保护与经济激励有机结合起来，激励各行为主体主动承担生态保护责任。文旅资源兼具生态效益与经济效益，因此文旅资源的保护和生态补偿应当实现生态效益、经济效益的共赢。长期以来，文旅资源的开发利用主要侧重于经济效益，而生态效益往往被忽视，导致生态系统遭到破坏进而限制了经济价值的转化。只有以生态效益的保障为前提，文旅资源才能持续转化为经济效益，实现经济、社会和生态的协调发展。

在文旅融合的实践中，资源保护与生态补偿机制要求制定统一而科学的补偿标准，综合考虑环境行为的性质、投入成本、机会成本以及生态系统服务价值等因素，同时针对区域生态功能与恢复难易程度的不同，进行动态调整和补充。为此，顶层设计和制度完善显得尤为重要。政府需要制订区域性生态补偿规划，健全环境评价与监管体系，建立责任追究机制；同时，还要通过跨部门协调和多主体协同，实现政府、企业、科研机构与社区之间的信息共享和利益共赢。此外，公众参与和生态教育也是关键一环，必须加强环境信息公开和监督，提升全社会生态保护意识，全面推进美丽中国建设。

（二）贯彻绿色发展理念

绿色发展理念凝聚了华夏数千年的生态智慧，也蕴含着深厚的历史文化底蕴和全球生态责任担当。它的时代价值在当代文旅融合与乡村振兴战略中尤为突出，也在马克思主义生态观的指导下得到了现代化的诠释。绿色发展应贯穿于旅游理念、线路设计、产品开发与设施完善的各个环节中，体现为以游客需求为导向，注重文化内涵提炼和绿色低碳运营模式的系统性实践，从而保障生态、文化与经济效益的实现。文旅融合的发展，亟须完善绿色发展理念，将绿色低碳、循环发展的要求贯穿于文旅融合的全过程，打破传统发展模式和既有观念束缚，构建健全的绿色发展机制。

1. 政策引导

《中共中央关于制定国民经济和社会发展第十四个五年规划和二〇三五年远景目标的建议》和《“十四五”全国农业绿色发展规划》中，明确将绿色发展定位为以效率、和谐和持续为目标的发展模式，并以构建绿色、循环与低碳的发展模式为基本原则，在经济活动中融入生态文明理念。在这一理论框架下，生态文明既是绿色发展的基本着力点，也是指导乡村振兴各项政策实践的重要支撑。具体来说，政策引导需要坚持环境优先、资源节约和生态平衡，通过顶层设计实现经济、社会与环境效益的协同提升。2025 年中央一号文件明确了“推进乡村文化和旅游深度融合”，要求发展乡村旅游须“提升特色化、精品化、规范化水平”，并通过试点项目优先支持生态友好型的文旅业态。“绿水青山就是金山银山”理念为新时代我国乡村旅游与生态文明建设协调发展提供了理论依据和实践指导。当前，部分地区乡村旅游开发过程中仍存在环境污染、生态破坏与过度城镇化等问题，亟须以“绿水青山就是金山银山”的理念为指导，实现资源开发与生态保护的有机统一。

2. 政府监管

贯彻绿色发展理念，要建立完善的政策法规和动态监管体系。政府监管体系能够进一步推动生态保护与文化传承的有机统一，助力构建生态文明和可持续发展的新格局。作为行政主体，政府有义务制定并落实相关法律法规和标准，明确生态环境保护、资源节约与低碳循环发展的基本要求，将绿色监管指标纳入项目审批及绩效考核体系，建立跨部门联动机制，实现环境、旅游、农业及地方发展部门的信息共享和协调监管。在标准化管理与绩效考核方面，部分地区已探索出了一套以绿色发展为导向的考核评价体系，为文旅项目和乡村振兴工程提供了制度化保障。浙江省在乡村旅游评级体系中增设生态指标，明确要求景区垃圾回收率不应低于 90%，水资源循环利用率达到 60% 以上，未达标者将失去政策补贴。安徽宏村则引入生态产品总值（GEP）核算体系，通过对古树碳汇价值的量化及碳中和认购项目的开发，使古树养护权交易在 2024 年为村民带来了 32% 的增收。政府参与监管的举措，不仅促进了生态效益向经济效益的有效转化，而且为绿色转型提供了可持续的收入模式和激励机制。

政府监管要充分运用大数据、云计算、物联网和遥感监测等现代信息技术，构建实时监控平台，建立生态环境风险预警系统，实现“源头把控、全过程监管、事后问责”的全链条监管模式。同时，鼓励第三方评估机构和社会公众参与监督，提升监管透明度和社会共治水平。在生态红线与动态监测领域，可以采取立法和智能监控手段，将绿色发展理念切实嵌入文旅融合与乡村振兴实践中。以江西婺源为例，当地政府在划定生态保护区时明确规定，民宿改建必须采用传统夯土技术，并结合现代抗震标准，从而既保障了对传统建筑风貌的传承，又降低了开发活动对环境的扰动。实践案例表明，明确生态红线和建立动态监测机制，不仅有助于及时发现并纠正环境异常，还能在文化传承与生态保护之间构建起良性互动的机制。

此外，政府监管还应注意激励与问责机制的有机结合，确保绿色发展理念在文旅融合助力乡村振兴战略中的落地实施。一是通过财政补贴、税收优惠和绿色信贷等政策工具，引导企业及社会资本加大对绿色项目的投入。二是建立健全事中、事后问责机制，对违反绿色发展要求和环境违法行为实施严厉处罚。三是定期开展绿色发展专项评估和审计，构建科学、透明、可持续的监管评价体系，为政府决策和监管措施的调整提供数据支持。

3. 推广生态旅游模式

生态旅游的核心理念与绿色发展理念高度契合，强调以旅游活动促进环境保护。国际生态旅游协会把“生态旅游”定义为：以环境责任为前提的旅游与观光行为。生态旅游的根本目的，在于依托环境保护实现当地生态系统与社区的可持续发展。也有学者认为，生态旅游是在特定的自然地域内进行的负责任的旅游行为，旨在享受与传承历史或现存的自然文化景观。生态旅游的开展必须在保护环境、不干扰自然生态、降低旅游负面效应和促进地方社会经济发展的前提下进行。从理论上看，生态旅游依托自然资源开展活动，是广义旅游体系的重要组成部分。生态旅游的基本特征体现在它对自然环境影响小、对物种及栖息地的保护具有积极作用，同时也蕴含着教育功能、可持续发展理念以及旅游体验中的伦理要求。张建萍（2001）把生态旅游分为基于自然的旅游、可持续发展型旅游、支持环保型旅游和环境知觉型旅游四大类。上述生态旅游的定义性论述都强调在追求旅游效益表现的同时重视资源循环和环境保护问题。生态旅游模式不仅为文旅融合和乡村振兴提供了可持续发展的新动力，也为解决当前生态旅游实践中存在的资源浪费、环境破坏和文化传承不足等问题，提供了切实可行的路径。当前，在全球生态危机与资源约束日益严峻的背景下，推广生态旅游模式也面临着资源开发过度、监管不力、文化内涵浅显等现实问题，亟须通过政策引导、技术支撑和标准化管理，探索一条以资源循环、低碳体验和文化传承为核心的生态旅游推广路径。

在资源循环型业态建设方面，各地政府和文旅融合主体要探索通过科技创新和传统技艺的有机结合，推动农业生态游和文化遗产活化的融合发展，充分运用大数据、物联网、遥感监测和虚拟现实等现代信息技术，构建动态监测平台，实现对生态环境和旅游活动的实时监控。萧县米田农业科技园利用数字化日光温室技术实现反季节果蔬种植，并开展“认领一棵苗”活动，游客通过专用 App 远程监控作物生长并参与采摘，使农业资源利用率提升了 40%，同时有效降低了运输过程中的碳排放。敦煌莫高窟则对窟内游客进行限流，在窟外对壁画等进行虚拟现实复原，不仅使游客承载量提升了 3 倍，还显著降低了壁画脱落速率，进一步实现了文化遗产的数字活化与环境保护的有机结合。四川羌族村寨通过引入增强现实眼镜恢复了碉楼原貌，并能够在场景中触发羌笛演奏，将沉睡的文化符号与现代科技相融合，实现了文物保护与沉浸式体验的双重突破。将生态保护与旅游体验深度融合，既提高了资源利用效率，也实现了当地经济增收，形成生态效益与经济效益的双赢局面。

在低碳体验产品的开发方面，生态旅游模式要向自然教育研学和绿色交通等领域延伸。四川九寨沟设计了森林碳汇认购产品，游客参与转山活动后可在线认购碳汇积分，使核心区的人为破坏率下降了89%，既提升了游客参与度，也将生态保护与经济激励机制进行了有机结合。杭州西湖则通过构建共享单车、电动游船等绿色交通网络，形成"四时美学经济"，有效降低了景区内交通碳排放量。云南老姆登村组建了非物质文化遗产展演队，并制定了村规民约，在限制旅游开发强度的同时，使村民通过参与傈僳族歌舞表演实现月增收3000~4000元。浙江余村则设立了"两山梦想基金"支持青年创客开发竹制品文创，将竹材利用率从65%提升至95%，形成了"以竹代塑"的绿色产业链，在整合文化、农业、旅游等跨部门资源的基础上，形成政府主导、企业和社区协同参与的多元化合作机制，为文旅融合提供了制度保障和政策激励。

（三）社区参与和多方协同

生态兴则文明兴，生态衰则文明衰。我国农村经济社会发展总体仍处于资源消耗型、环境损害型模式，未来农村生态环境将面临巨大压力。在深入实施乡村振兴战略和文旅融合的过程中，必须将生态振兴置于基础性位置，作为推动农村持续健康发展的关键环节。只有始终坚持绿色发展道路，推进生态文明建设，构建多方协同治理机制，才能实现经济、社会、生态的协同发展，并以生态美促进共同富裕，形成民生福祉与社会发展的双赢局面。

1. 政府与社会协同治理

政府在乡村生态治理中既是引导者又是协调者，社会组织则是连接政府与村民的重要桥梁。强化政府与社会组织协同治理的机制，是实现生态治理多元化和协同化的重要途径。政府政策制定和执行必须与社会组织、企业及其他民间力量形成有效互动。近年来，国家通过修订《中华人民共和国环境保护法》、发布《关于加快推进生态文明建设的意见》等，为社会组织介入生态治理提供了法律依据和政策支持。在实践中，社会组织应主动与政府、企业和农民群众协同合作，通过建立健全公共信息平台、定期召开协商会议、制订具体行动方案等方式，发挥整合资源、沟通协调的功能。政府应主动完善跨部门联动机制和区域协同治理架构，建立多层次、多领域的信息共享平台，实现政策与行动的无缝对接。与此同时，相关部门还应当加大对社会组织和企业的支持与激励，推动各主体和社会组织有序参与生态环境治理的实践。同时，优化公共服务供给，推动政府与社会力量在治理过程中的责任分担与利益共享。最终，构建开放、透明且具有包容性的协同治理模式，实现政府主导与社会协同相互促进，共同推动农村生态环境治理的科学化、制度化进程。

2. 完善村民协同参与机制

村民的参与意识和行动能力直接影响着农村生态治理和经济转型的成效。因此，构建完善的村民协同参与机制至关重要。当前，部分农村地区的村民对环境的保护意识薄弱，参与公共事务的程度有限，致使生态治理工作难以形成全员覆盖的良性局面。为了改变这一现状，必须充分发挥村民作为生态环境治理主要利益相关者的主体作用。

首先，基层应当建立长效的环保宣传教育机制，利用公众号、短视频、在线讲座等新媒体平台，普及生态环保和可持续发展知识；制定切实可行的激励措施和监督渠道，在基层政府和村两委中设立环保热线，鼓励村民主动反馈环境问题并提出治理建议；通过制度设计，确保村民在生态治理中享有知情权、参与权、表达权、监督权，逐步形成多层次、多主体协同参与的生态治理新格局，使村民在规划、决策、实施与监管等各个环节中充分发挥主体作用。其次，针对不同群体开展精准化、系统化的培训与宣传，增强村民对生态环境保护、资源合理利用以及文化传承的认识，提升村民对自身生活环境改善的归属感和责任意识。目前，传统农业和农村居民生活方式中仍然存在大量高能耗行为，这不仅导致了环境的破坏，也制约了乡村的可持续发展。为此，应着力推进绿色生产转型，通过推广科学施肥、农药减量、发展有机农业以及促进畜禽粪污和农作物秸秆的资源化利用，逐步改变高耗低产的传统模式。同时，在居民生活方面，要倡导科学、环保、健康、文明的生活方式，规范垃圾分类、集中处理生活废水和垃圾。最后，各级政府和基层组织应结合当地实际情况制定并严格执行村规民约，将人与自然和谐共生的生态理念融入村民的日常生活中。可以探索建立村民议事会、合作社等基层自治组织，形成自下而上、内生动力驱动的治理格局，为农村生态环境治理注入持续活力。

3. 科技赋能生态

科技在推动乡村振兴和生态治理中的作用日益凸显。科技赋能生态是通过大数据、物联网、人工智能等前沿技术，实现生态环境的实时监控、智能决策、公众参与及资产管理，进而推动生态系统保护与资源可持续利用。首先，利用大数据、物联网和遥感监测等现代信息技术，实现对农村生态系统动态变化的实时监控和精细化管理，从而为科学决策提供数据支持。其次，引入智慧农业、智能环保设备等新技术，促进资源的高效配置与精准施策，能够有效降低农业生产对环境的负面影响。最后，依托互联网平台与信息化手段，构建线上线下融合的生态治理网络，推动社会各方在资源信息共享、问题反馈与协同应对中的高效互动。科技赋能不仅能提升治理效能，还能够为生态修复、绿色产业发展和文化旅游融合等方面提供技术支撑和创新动力，从而为实现农村可持续发展奠定坚实基础。

七、人才培养与引进，强化智力支撑

《国家中长期人才发展规划纲要（2010—2020 年）》将“人才”界定为“具有一定专业知识或专门技能、能够进行创造性劳动并对社会作出贡献的高能力劳动者”。改革开放以来，随着工业化和城镇化的快速推进，乡村适龄劳动人口对土地的依赖性显著下降，大量乡村劳动力选择进城务工和生活，导致农村“空心化”现象日益严重。2024年国家统计局发布的《2023年农民工监测调查报告》显示，2023年全国农民工总量已超过29753万人，占全国总人口的20%以上。乡村人口尤其是青壮年群体的大量流失，使得乡村长期处于“失血”“贫血”状态，难以满足现代农业和农村发展的需要。劳动力外流还加剧了农村老龄化及公共服务、养老、教育等资源不足问题。当前，流入城市的乡村人才整体素质较高，但人才一旦走出乡村，往往难以形成回流。农村在产业发展、营商环境、就业平台以及交通、社会服务等基础设施方面存在明显劣势，文化娱乐、生活服务等方面的吸引力也明显不足。加之长期以来社会上对农业、农村以及农民职业存在固有偏见，使得人才缺乏足够的动力回归家乡创业或发展。

文旅资源开发的关键在于资本、突破在于技术、核心在于人才。人才作为文旅融合的核心要素，不仅能够推动技术的有效运用，也能够实现资本的高效转换，让文旅资源能够发挥出最大价值。当前，文旅融合发展中亟待解决人才缺失问题，其主要表现为“四缺”现象，即缺少整体规划策划人才、专业导游与讲解人员、旅游教学科研人才以及创新创业人才。“四缺”现象制约了文旅融合的创新与持续发展，而造成“四缺”的原因主要体现在三个方面。一是不少旅游景区位于经济欠发达区域，薪酬福利较低，难以吸引和留住高水平人才团队及优质投资项目，使得文化管理与运营呈现低水平状态。二是受传统观念影响，大众普遍认为旅游业技术含量较低，因此容易忽视对高素质旅游管理理论与实践人才的培养，供给与产业发展需求之间存在较大缺口。三是部分地区文旅资源优势明显，容易陷入资源优势的误区，低估了创新型人才的引进对推动旅游业高质量发展的关键作用。深入剖析乡村人才建设存在问题的成因、回顾与评估相关演进政策，并依据乡村振兴和文旅融合的要求，明确未来乡村人才建设的路径，对文旅融合助力乡村振兴具有重要的理论与实践意义。

（一）加强合作培养专业人才

党的二十大报告指出坚定文化自信，推动社会主义文化繁荣兴盛，明确了文化和旅游产业在提升国家文化软实力中的战略作用。未来文旅融合专业人才的培养，不仅要关注个体或国家层面的需求，更应上升到全球视野和整个人类社会发展的高度，培育跨领域、跨专业及具有复合创新能力的人才。近年来，我国不断完善文化和旅游领域人才培养体系，出台《全国文化系统人才发展规划（2010—2020年）》《国家“十四五”期间人才发展规划》等政策文件，并进行“万名旅游英才计划”“中高级导游‘云课堂’研修项目”等项目支持，然而人才培养是涉及战略规划、政策设计、培养主体与模式选择等多层面的系统工程，亟须进一步整合资源与创新机制。

受过去单一产业管理体制限制，文旅融合相关人才的培养大多沿袭单向思维，难以满足双向介入与协同创新的要求，制约了文旅融合领域人才效应的发挥。要使文旅融合更好促进乡村振兴业态的发展，人才培养机制亟待突破传统藩篱，实现跨界融合，提升综合素质。随着我国经济进入高质量发展阶段，文化产业和旅游业面临着市场需求、技术进步、消费升级等多重挑战。大众消费主体对个性化、品质化和情感体验的需求日益明显，文旅融合行业对策划、设计、产品研发及营销等创新人才的需求也随之上升。同时，移动互联网、人工智能、虚拟现实和增强现实等新兴技术的发展，对文旅产业结构和业务模式产生深刻影响，推动业内科技型、数字技术人才的需求增加。新质生产力对现有的人才培养模式、内容知识结构提出了新的要求和挑战，新时代文化和旅游业越来越肩负起公共价值、产业价值和文化价值三重创新使命。因此，要以满足人民对美好生活的向往为目标，重点培养既懂政府与公共管理，又熟悉文化和旅游业运作的专业人才，创造公共价值，让人才成为推动文化和旅游业高质量发展的先导力量。

在政策执行和资源配置上，文旅部门之间尚存在沟通不畅、协作机制不完善等问题，从而形成诸如“信息孤岛”、资源单一等现象。文旅领域在人才培养方面，普遍缺乏跨学科知识结构与实践能力，专业人才数量不足，结构性矛盾明显，制约文旅融合的深层次发展。高校在文旅领域的专业设置，以单一学科为主，亟须建立跨文化、旅游、管理、信息技术等多学科交叉融合的人才培养体系。当前部分地区也在文化传承与旅游开发方面较为短视，忽略了地域文化的内涵保护和长远发展规划。因此，政府应当发挥宏观调控作用，构建跨部门协作平台，制订统筹规划和激励政策，促使乡村文旅等多个领域在政策上实现联动；针对信息分散、数据孤岛问题，应推动建立区域性数据平台，实现文化、旅游、乡村资源的整合与共享。同时，相关机构可以推动院校间联合办学，设立跨专业课程，构建完善的培训体系，将理论学习、实地考察、技能实训和经验交流有机结合，形成覆盖初级到高级的全周期人才培养机制，培养学生的综合素质和实践能力；推动“精准育才”模式,选拔和培养一批在本地具有影响力和带动作用的“土专家”“田博士”“农创客”，起到示范引领作用，促进区域内人才梯队建设。在构建完备的文旅融合专业性人才教育体系后，要鼓励高校与地方政府、企业及文化机构建立长期稳定的合作关系，共同设计针对性较强的实训项目和实习计划；利用地方文旅资源进行现场教学和实践锻炼，增强学生对乡村振兴与文旅融合实际问题的认知和解决能力，缩短理论与实践之间的距离；鼓励企业与高校、研究院所共同成立产学研联合体，以实际项目为载体，开展针对性研究和试点示范，促进理论与实践的有效对接，为文旅融合提供持续的人才动力和智力支持。

（二）完善人才引进机制与政策导向

文旅融合在产业化转型的过程中，还存在管理、经营和创新能力不足的问题，亟须“外部引才”与本土人才培育相结合，构建多层次、持续性的人才支撑体系。从人才引进机制的角度出发,文旅融合的相关责任主体可以充分借鉴“选调生”“三支一扶”等国家政策，吸引具备文旅管理及实践经验的高层次人才回流，弥补产业发展中的人才空缺。各地区须依据实际需求与产业特点，制定差异化、精准化的人才引进机制，并通过政府、旅游院校与专业人才中介之间的协同合作，形成人才输送与定向培养的有效联动。同时，推行“灵活引才”的政策，重点吸纳具有经营管理、市场拓展和创新能力的专业人才，采取薪酬激励、职业发展平台和科研支持等措施，确保人才长期留驻；建立健全跨部门联动与动态评价机制，定期评估人才需求与引进效果，及时调整政策导向，使引才机制与乡村文旅融合产业的转型升级相匹配。

在完善人才引进机制的同时，进一步优化政策导向，为人才培养和引进提供坚实的制度保障。政府应进一步强化顶层设计，明确乡村文旅融合发展的战略目标及人才培养定位，构建涵盖引进、培养、评价和激励全流程的人才管理体系。政府、企业和社区进行协同合作，通过“定制村干部”与新乡贤培养工程等措施优化人才队伍结构、补齐专业短板；同时，设立专项资金和实施购房、租房补贴、贷款优惠及医疗保障等优惠政策，缓解人才在生活与工作中面临的实际困难，增强人才在当地工作的稳定性。高校和研究机构亦可通过建立产学基地或社会实践平台，以智库形式参与地方文旅建设，实现科技、创意及管理型人才与区域产业的高效对接，进而为乡村文旅融合高质量发展提供坚实的政策和人才保障。

（三）鼓励人才返乡创业

2020 年中央农村工作会议上指出，“全面推进乡村振兴，要引进一批人才，有序引导大学毕业生到乡、人才回乡、农民工返乡、企业家入乡，帮助他们消除后顾之忧，让其留得下、能创业”，从战略高度强调了加强乡村人才队伍建设和吸引各类人才回流的重要性。自 2020 年以来，中央相继颁布一系列政策文件，对乡村人才振兴工作作出了具体规划和指示，明确支持农民工、高校毕业生、退役军人等群体返乡入乡创业，鼓励城市专业技术人员以兼职、兼薪和离岗创业等多种方式参与乡村建设，借助乡情与亲情引导企业家、专家学者回乡开展创新创业实践。在实践中，乡村全面振兴的发展模式得以不断探索，相关部门陆续推出各类返乡创业扶持政策，力图实现人才回流与产业转型的有机融合，为乡村社会注入新的发展动能。以江苏省为例，2025 年江苏省人民政府工作报告指出，全省实施“新农人”培育三年行动，鼓励支持各类人才返乡创业。到 2025 年实现支持成功自主创业 20 万人、留学回国人员创新创业 1.2 万人、事业单位科研人员创新创业 0.5 万人，农村返乡入乡创业人数累计达 50 万人以上。返乡创业者凭借其丰富的人力资本、经济实力、管理经验和政治能力，在参与村务管理和推动农村社会发展过程中发挥出示范效应，有力促进了自治、法治、德治相结合的乡村治理体系建设的开展。

从返乡创业主体的角度看，具备技术能力的大学生、农民工和企业家等人才资源，在政策驱动、城乡吸引和情感联结等多重因素的作用下，纷纷选择回流家乡，积极参与乡村振兴建设。随着农村社会经济全面转型、基础设施和公共服务水平不断提升等，大批具有城市务工经验和现代管理理念、并积累了一定经济与社会资本的人才选择返乡参与乡村建设，并在乡村产业发展中扮演着乡村社会企业家以及国家—农户双重“经纪人”的角色。返乡人才不仅具备整合和推动村庄集体行动的能力，还能借助广泛的社会关系争取政府项目支持、依托雄厚的经济实力，改善基础设施建设和公共产品的供给，凭借自身经营管理才能引领农民增收致富。然而，在实际操作的过程中，人才需要应对来自政府与农户的双重期望。他们既要协助各类帮扶主体推进乡村建设和产业发展，又要真实反映农户在产业发展过程中的诉求。实际上，返乡人才经营村庄已逐步成为推动乡村振兴的重要模式。对返乡创业过程的深入考察表明，文旅产业发展与人才回流之间存在互生共融的良性互动机制，人才利用自身优势培育并引领产业发展，文旅产业的不断壮大又进一步吸引更多专业人才回流乡村，从而形成人育产业、产业引人的正向循环。

第五章

不同地区文旅融合助力乡村振兴的案例研究与经验借鉴

我国历史悠久、地域广阔，蕴含着丰富而深厚的文化资源和得天独厚的旅游资源，各地均具备独特的文化旅游优势。在居民消费升级与文化需求不断增长的背景下，公众对文化与旅游的期望和感知正经历着全新变革。联合国世界旅游组织（UNWTO）的数据显示，2024 年全球约 40% 的旅游活动涉及文化因素。文化旅游作为旅游业中增长最快的领域之一，近年年均增长率维持在 10% ~ 15%。国家统计局数据显示，2024 年全年国内出游 56.2 亿人次，同比增长 14.8%。在文旅融合政策导向和市场趋势的影响下，文化体验类项目的吸引力持续增强，2024 年通过免签入境的外国人达 2012 万人次，同比增长 112.3%。旅游消费集中在文化景点和特色服务文化，电视剧《我的阿勒泰》和电子游戏《黑神话：悟空》分别带动新疆阿勒泰和山西大同等地的游客量激增 70% 以上，文旅融合已成为中国旅游业的核心驱动力。这不仅反映出文化旅游在推动国民生活品质提升中的重要作用，也表明文旅融合已成为当前产业结构优化和经济高质量发展的必然选择。在人民对美好生活的需要不断提升、产业结构持续优化升级的现实背景下，文旅融合作为促进文化建设和旅游惠民的重要驱动力，正逐步显现出战略价值。深化文化产业与旅游产业的融合，不仅有助于发挥文化对旅游产业发展的引领作用，推动旅游产业的结构性优化和升级；同时，也能够利用旅游这一传播载体，促进文化的广泛传播和社会效益的提升，进一步推动社会主义文化繁荣发展。当前，文旅融合已成为落实国家发展方针、构建社会主义文化强国的重要战略支撑。为此，各级政府日益重视文旅融合工作，并出台了系列政策措施以明确和细化相关要求，推动两大产业协同发展。

2020—2024年，我国文旅融合政策在顶层设计、技术创新、区域协同等方面实现突破，形成了国家战略引导、地方创新实践、市场多元响应的立体化格局。随着各级政府对文旅融合的日益重视，学术界对乡村旅游的评价研究逐渐丰富，涵盖了乡村旅游资源评价、竞争力评价、发展评价以及效率评价等多个方面。对我国部分省份乡村旅游发展的研究发现，我国乡村旅游仍处于起步阶段，地区间发展差异显著。党的二十大报告明确提出，要“坚持以文塑旅、以旅彰文，推进文化和旅游深度融合发展”。学界从文旅融合动力、发展模式、路径以及互动机制等角度展开了深入探讨，针对乡村振兴的评价研究也取得了进展，构建了乡村振兴水平评价指标体系。文旅融合助力乡村振兴是将乡村文化与旅游深度融合，以文化引领促进乡村旅游产业转型升级，以旅游消费推动乡村文化产业优化发展。乡村文旅融合发展从促进城乡资源流动、提振农村经济以及推动乡村功能多样化和现代化等方面助力乡村振兴。总体而言，经济发展水平较高的省份，文旅融合和乡村振兴的发展水平也相对较高。基于空间差异的演化视角，本章对长三角地区、中部地区以及西部地区三大典型区域进行分析，揭示了不同地区文旅融合助力乡村振兴的路径和可取经验。

一、长三角地区

长三角地区的文旅融合产业已形成较大规模，基础设施完善，美丽乡村建设处于全国领先水平，为文旅融合的发展提供了坚实基础。作为经济发达地区，长三角地区依托都市圈内较强的消费能力和资本集聚效应，以特色文化IP为主要特征，形成由前沿科技赋能加持的文旅融合模式。上海市通过“演艺新空间”计划，将文化创意与技术手段相结合，2023年文旅科技融合项目投资额达到127亿元，数字文旅营收占比突破 43%。这说明，经济发达地区借助成熟的市场机制和完善的服务体系，实现了文旅资源的高效整合和深度再造。在这一过程中，政府通过政策引导和财政支持，不断推动传统旅游向高品质文化旅游转型；同时，企业在文化创意、数字化体验以及智慧旅游等领域积极探索新模式，为乡村振兴注入新的活力。然而，长三角地区也面临诸多问题。一方面，部分地方文旅产品同质化严重，缺乏深度挖掘区域文化内涵的产品和服务；另一方面，高端文化旅游需求与基层旅游服务之间尚存在供需脱节现象。譬如，江南水乡古镇同质化率较高，文化体验缺乏独特性；部分文旅产品过度追求商业利益，致使原生文化的原真性发生流失；在消费升级的同时，高端文旅产品存在供给不足的问题，导致部分消费群体出现外流现象，高端文旅消费外流率超过 30%。为此，这一类地区需要有条件地完善政策激励机制，加强跨界合作，引入数字化管理手段，构建文旅产业链，形成文创、科技、生态相辅相成的产业融合新模式，进一步推动乡村振兴与文旅深度融合，实现区域经济和社会效益的双重提升。

（一）长三角地区文旅融合发展案例分析

江南地区水网密布、历史文化积淀深厚，孕育了众多历史悠久的文化古镇。发展古镇旅游业，在推动乡村振兴、促进地方经济发展、解决就业和保护历史遗产等方面具有战略意义。古镇旅游作为一种新型的乡村振兴模式，具有起步门槛低、投资回报周期短等优势，逐渐成为引发关注的重点领域。然而，随着经济的高速增长和生活节奏的加快，部分开发主体在追逐经济效益的驱动下急于求成，忽视了对江南古镇文化精髓的深度挖掘和精细打磨，导致大批古镇在开发过程中盲目跟风、机械复制，形成“千镇一貌”的局面，引发审美疲劳，阻碍了古镇旅游的可持续发展。传统江南古镇旅游开发经历了三个主要阶段。第一，20 世纪 80 年代，苏南的周庄、同里率先探索古镇旅游模式并取得了初步成功，但在这一阶段由于经验不足，本地文化资源和当地群众权益保护未得到充分重视，部分古镇出现了过度商业化及管理混乱的问题。第二，20 世纪 90 年代，伴随古镇旅游红利的浮现，西塘、朱家角、角直等大量古镇相继涌现，地域范围逐步扩大至浙江北部和上海地区，但由于这些地区开发起步时间较晚，难以与成熟古镇形成差异化竞争，开发过程中的重复和盲目问题日益显著。第三，21 世纪以来，随着数字化技术的迅猛发展，全国已有 40 多个江南古镇完成旅游开发，由于水路相通、文脉相连，这些古镇在地域文化辨识度方面本就存在局限性，加之数字媒体迅速普及，使得同质化旅游产品信息泛滥，进一步加剧了游客的审美疲劳，降低了旅游热情。具体来看，江南古镇的同质化主要体现在景观风貌同质化、旅游产品同质化和衍生商品同质化三个方面。江南古镇在自然资源禀赋上具有共性，“小桥流水人家”已成为普遍的景观主题。在早期追求经济效益的开发过程中，部分地区缺乏系统的规划和严格的文物保护措施，导致部分古镇在大规模修缮和重建过程中失去了原有的历史真实性和独特性；同时，在开发过程中部分住户被有选择性地迁出，使得古镇失去烟火气，沦为仅具外在建筑形式的“空壳”。目前，江南古镇旅游产品多以水上游船、民俗表演等浅层次活动为主，缺乏对地域文化内涵的深度挖掘和创新表达。即便设置了名人故居、博物馆等展示历史文化的场所，但随着快节奏旅游模式的普及，游客对各古镇形成了固定且相似的游览体验，难以产生深刻印象，进而影响了游客对古镇旅游的认同感和忠诚度。许多江南古镇推出的衍生产品多以普遍性小吃、纪念品和复古风民宿为主，产品之间缺乏明显的地域文化标签和品牌内涵。在饮食方面，虽然出现过周庄的“万三蹄”等成功案例，但很容易被大规模复制。在文创纪念品和住宿产品上，许多景区的产品设计雷同，缺乏个性化和差异化，难以形成持续的市场竞争力。

面对上述同质化困境，形成古镇旅游独特竞争力和实现高质量发展已成为当前亟待解决的问题。以南浔古镇为例，在 20 余年的开发过程中，南浔古镇坚持“积极保护、科学利用、传承发展”的基本原则，始终致力于保留和传承独有的历史文化底蕴。同时，在不因循守旧的前提下，积极探索数字化赋能智慧景区建设的路径，实现传统文化与现代科技的深度融合。在南浔古镇，游客可通过增强现实复原的明清时期街巷感受古风气息，这都归功于南浔古镇的数字化导览系统这一全新的文旅实践。在 2023 年，南浔古镇荣获“世界最佳旅游认证”。南浔古镇通过系统梳理古建筑与居民数据、制订详细的历史文化遗产保护规划，形成“点、线、面”全方位的规划体系，成功保存了“井字骨架、水路并行”的传统格局。此外，当地成立的南浔古镇历史文化研究课题组、南浔古镇研究会等学术组织，联合多家院校专家，出版了一系列有关古镇文化传承的著作，为古镇保护和高质量开发提供了理论和实践支撑。

（二）长三角地区文旅融合的发展模式和特色

文旅融合不仅是简单的文化与旅游业的并置，更是两者在产业链、价值链和空间布局上的深度重构。经济发达地区具备多个方面的优势。首先，经济基础雄厚，为产业升级提供了充足的资金支持；其次，信息化和科技创新水平较高，为智慧文旅建设提供技术保障；最后，文化资源多元且富有积淀，既包括历史传统文化，也涵盖现代都市文化，为文化创意产业的发展奠定坚实基础。正是这些优势，使经济发达地区在文旅融合过程中能够率先探索出一种集政策引导、市场化运作和科技驱动于一体的发展模式。

以南浔古镇的发展模式为例，南浔古镇首先依托政府主导和政策扶持，通过制订专门的历史文化遗产保护规划、古镇旅游开发规划和智慧景区建设标准，构建起跨部门协同工作机制。以《湖州市水生态环境保护“十四五”规划》为依托，南浔古镇构建了“一轴一极五片区”的空间布局，实现了文物保护与旅游开发的动态平衡。南浔古镇坚持“保护、传承、利用”一体化发展路径，通过顶层规划和制度创新构建了较为完善的保护性开发机制。政策的精准扶持与市场机制的有效激励构成了经济发达地区文旅融合的基本框架。各级政府通过制定专项扶持政策、优化审批流程及财政补贴等措施，为文旅项目提供良好的发展环境。政府在引导资金、制定激励政策及风险补偿机制等方面发挥关键作用，促进文化、旅游、科技和金融等多个领域的资源整合，形成政府、市场、技术相辅相成的多元协同治理体系。市场在资源配置中发挥决定性作用，企业通过资本运作、品牌建设和商业模式创新实现效益最大化。

其次，数字化转型是南浔古镇文旅融合的核心支撑。南浔古镇通过建设智慧景区管理平台，利用大数据、云计算与三维可视化技术实现对游客流量、交通、票务及安保等数据的实时监控和精准调控，从而实现全域统筹管理和科学分流。南浔古镇坚持在保护原有历史文脉的前提下，通过引入数字化技术和智慧管理手段，打破传统古镇开发的同质化困局；其在修缮保护过程中注重原有建筑水路格局的完整保留，同时在景区规划和公共服务方面引入现代技术，实现传统建筑与数字信息系统的无缝对接。这种传统与现代相结合的发展模式，不仅有效保护了历史遗产，还为游客提供了全新的互动体验，让游客在触摸历史肌理的同时，获得沉浸式、互动性体验，从根本上解决了传统古镇开发“千镇一貌”的局面。

再次，南浔古镇在文旅融合过程中注重产业链的延伸和多业态的协同发展。在传统旅游产品的基础上，通过引入数字文创、文化演艺、影视拍摄、文创集市及直播带货等，形成以文化为核心、旅游为载体、科技为支撑的全产业链生态，增强了整体竞争力；将非物质文化遗产数字化存档、在线展示和互动传播，实现文化遗产保护与现代商业模式的有机结合，推动文化价值的提升与转化；同时，各相关部门和企业之间的信息共享、资源互补与联合创新，形成了规模效应和区域协同发展效应。这一系列举措使文化遗产保护与现代商业逻辑深度结合，完成文化价值向经济价值、社会价值的双重转换。

最后，在品牌建设方面，南浔古镇通过挖掘地方独特的历史文化和民俗传说，提炼了出具有独特辨识度和记忆点的文化符号，塑造了有故事的品牌 IP。当地通过与新媒体平台、短视频平台和直播平台的深度合作，实现线上线下联动推广。多渠道的传播方式，不仅活化了传统文化传承的方式，增强了品牌影响力，还能吸引更多年轻游客，推动传统文化的传承与再造。

（三）长三角地区文旅融合的成功经验

长三角地区在文旅融合方面形成了以政策引导、技术赋能、品牌塑造为核心的模式，积累了可复制、可推广的成功经验。首先，长三角地区构建起较为完善的政策体系，有效推动了文化遗产保护与文旅开发的协同发展。例如，嘉兴在政府工作报告中明确将古镇保护纳入重要议程，而杭州通过试点文旅不动产投资信托基金及古镇专项债券，为产业发展提供了稳定的资金支持，破解了用地和投融资难题。其次，长三角地区借助数字化手段构建智慧旅游平台，利用大数据、数字孪生、虚拟现实、增强现实等技术，不仅实现了全域监控与智能调度，还显著提升了景区游客体验，如杭州西湖三维建模项目使游客平均停留时长提升40%。最后，长三角地区在品牌IP塑造方面经验丰富，通过“何以敦煌”敦煌艺术大展、文旅上综艺节目等模式，实现跨界合作和新媒体传播，成功塑造出了具有鲜明地域特色和文化内涵的文旅品牌，形成差异化竞争优势。长三角地区文旅融合发展模式的标准化、模块化特点，为我国其他地区提供了推广借鉴，有助于在全国范围内推动文旅融合与乡村振兴的高质量发展。

文旅融合作为推动区域经济高质量发展的重要战略，其成功经验不仅体现在资源整合、品牌打造和智慧运营等方面，更反映出政府引导、市场化运作和技术赋能的深度融合。当前，区域间在文旅融合复制推广过程中仍面临资源配置不均、文化同质化和技术应用不足等问题。为此，建立标准化推广机制、强化科技支撑、注重地方特色以及构建复合型人才培养体系成为必然选择。未来，各地区应在总结实践经验的基础上，不断完善政策、优化机制、深化跨界合作，形成一套具有较高可复制性和推广价值的文旅融合发展模式，为实现区域协调发展和文化产业振兴提供坚实支撑。

二、晋豫皖鄂赣湘中部地区

中部地区包含山西、河南、安徽、湖北、江西、湖南6个省份，坐拥长江文明和中原文化等重要战略性文化资源，具有丰富的历史遗产和农业资源优势。这些地区在推进文旅融合与乡村振兴战略中注重以文化资源为依托，探索以农业、旅游和文化三者深度融合的新路径，逐步形成了文化遗产与乡村旅游相结合的融合模式。例如，湖北省通过构建“楚文化体验走廊”，串联28个传统村落，不仅有效传承了文化遗产，还在2023年带动农民人均增收达4200元，显著提升了乡村经济水平。中部地区通过整合非物质文化遗产、传统工艺以及地方民俗等多元文化资源，打造特色旅游品牌，促进农产品与文化创意产品的联合营销，从而有效提升了乡村旅游的附加值；同时，政策层面不断强化区域协同发展，推动城乡一体化建设，为中部地区文化与旅游产业提供了稳定的政策环境和资金支持。中部地区文旅融合与乡村振兴尚处于磨合期，在产业兴旺和治理有效两个维度上的协调度有所欠缺，乡村文旅发展与乡村社会治理尚未实现有效衔接，文旅融合发展过程中仍面临着品牌塑造不足、旅游体验同质化及服务体系不健全等问题。对中部地区而言，各地文化资源开发程度不均，跨省协同开发指数较低，制约了整体市场竞争力。同时，中部地区3A级以上景区的智慧化覆盖率不足55%，影响游客体验和产业服务效率，面临着文化资源碎片化、基础设施相对滞后和人才短缺等突出问题。为破解这些瓶颈，应进一步加大对文旅产业链的延伸力度，利用大数据和智慧旅游平台提升服务质量，并鼓励区域内高校、科研院所以及社会资本参与到文旅产品研发中，推动中部地区形成具有鲜明地方特色和竞争力的文旅融合发展新局面。

（一）中部地区文旅融合发展案例分析

与经济发达地区的乡村相比，中部地区乡村具有地域特性显著、物理边界清晰、公共空间呈现多层次结构、存在非正式自发交流场所、邻里关系稳定且集体意识浓厚等特征。结合实地走访调研和二手资料分析，选择湖南十八洞村、安徽宏村和河南新安县作为案例分析对象。

1. 湖南十八洞村

湖南十八洞村是红色文旅与产业联动的“精准扶贫”典范。当地建成精准扶贫展陈馆，打造红色研学精品线路，2023年接待游客83.8万人次，旅游收入近

2000 万元。同时，当地发展猕猴桃种植、苗绣合作社、山泉水厂等产业，村民人均年收入从 2013 年的 1668 元增至 2023 年的 25456 元。猕猴桃种植基地规模达 1000 亩，从单一的鲜果销售到果品深加工，延伸了产业链，开发了果酒、果干等衍生品；主题邮局通过电商文旅模式，年均销售苗绣产品 1500 万元。十八洞村实施“五微一创”工程修复传统村落风貌，获评国家 5A 级旅游景区，获得世界“最佳旅游乡村”称号。在数字农村建设方面，猕猴桃种植基地实现数字化转型，通过物联网传感器实时监测土壤墒情、气象数据和作物生长情况，结合大数据分析实现精准灌溉、科学施肥和病虫害预警。同时，利用卫星遥感和无人机巡逻生成全域增长态势热图，实现智能化管理。销售环节接入电商大数据平台，智能调配采集、分类、物流流程，推出“云领养”小程序，增强游客互动体验。在取得丰硕文旅成果的同时，十八洞村的发展也存在一些需要改进的问题，如当地猕猴桃仍以鲜果销售为主，深加工产值占比不足 15%，缺乏高端品牌溢价；苗绣产品以手工艺品为主，产业协调性较差；旅游收益分配偏向外部资本，本地就业岗位技术含量较低。

2. **安徽宏村**

安徽宏村依托徽派古建筑群，开发徽州三雕体验课程，年接待游客超过 500 万人次。当地将古民居改造为研学基地，推出“徽州臭鳜鱼”“黄山毛峰”等地理标志产品，达成从田间到村庄的经营模式。当地建立了省级乡村文旅数字平台，拓展了虚拟现实云游古村落功能，提升了游客触达效率。当地的民俗集群与非物质文化遗产工坊展开深度合作，打造了独特的乡村文化 IP，衍生文创产品年销售额突破亿元。同时，安徽宏村还深度布局了数字文保赛道。当地运用古建筑三维建模技术，以毫米级精度复原建筑形态、工艺细节，采用数字孪生技术进行搭建复原，为文物的保护维修提供了准确的数据支撑；区块链文物追踪系统则为所有可移动的文物、文化场景制作了“数字身份证”，展示了从历史传承到当下保存的全部证明，使文化遗产保护更具有科学性、可追踪性。深度内嵌的科学技术，为传统古镇的文化保护和旅游开发提供了新的技术模式。然而，目前在安徽宏村的发展过程中也出现了古村落住户外迁加速、传统生活场景逐渐消失、部分民宿同质化严重等问题；尤其节假日游客量超负荷，单日游客量峰值突破3万人次，导致水系污染与古建筑磨损加剧，使生态保护与旅游开发的矛盾日益显著。

3. **河南新安县**

河南新安县地处河南省西部，东临古都洛阳，西接古都西安，南倚伏牛山脉，北濒黄河。作为河洛文化的主要发祥地及仰韶文化遗址的集中区域，新安县拥有2200余年的建县历史。新安县在充分调研本地文旅资源优势与短板的基础上，围绕区域整体规划，制定了相应的发展战略。通过系统挖掘和整合本地历史文脉，新安县不断塑造具有地域特色的文化品牌，依托“表里山河”“华夏之祖”等文化符号，形成一系列高识别度的文旅产品，并以“丝路汉关、山水新安”为核心品牌推广策略，实现了文化传承与旅游消费需求的有效对接，进一步提升了区域整体形象及市场竞争力。当地还围绕樱桃、辣椒等特色农产品，打造了省级现代产业园和数字示范基地，推动农产品深加工及品牌化运营，为乡村经济注入新的活力。同时，当地通过旅游项目带动周边乡村基础设施改善、就业机会增加和居民收入提升，形成文旅融合助推乡村振兴的良性循环。虽然新安县各类文旅资源丰富，但目前在整体规划与产业链条构建中，部分环节尚未实现有效对接。文化遗产保护与现代旅游服务之间、农业产品与文旅产品之间的协同发展仍存在短板，亟须进一步完善统筹协调机制。

（二）中部地区文旅融合面临的机遇与挑战

中部地区是我国经济发展和文化传承的重要区域，国家高度重视中部地区的发展，相继出台的《中部地区崛起规划纲要》《“十四五”旅游业发展规划》等政策文件，均明确提出要加快中部地区文旅产业结构调整，推动文旅深度融合，打造具有区域特色和竞争力的文化旅游品牌，为中部地区文旅融合提供了制度保障和政策红利。中部地区历史悠久，文化底蕴深厚，是华夏文明的重要发源地，拥有大量世界文化遗产和非物质文化遗产，如洛阳龙门石窟、“天地之中”历史建筑群、武当山古建筑群等。中部地区自然生态条件优越，涵盖山地、丘陵、平原等多种地貌，形成了丰富的自然景观资源，为文旅融合提供了深厚的资源支撑。近年来，中部地区交通基础设施建设取得长足进展，高速铁路、高速公路和航空网络不断完善，大幅提升了区域之间以及与外部市场的连通性和便利性，为文化和旅游要素的流动与集聚创造了良好的条件。随着居民收入水平的提高和消费结构的升级，游客对旅游产品的需求从单一的观光型逐步向体验型、文化型、休闲型转变，个性化、定制化的文化旅游产品日益受到市场青睐，为中部地区推动文旅深度融合创造了良好的市场条件。

然而，中部地区文旅融合在实践过程中也面临着诸多现实问题和挑战，亟须通过科学合理的路径加以破解。中部六省文旅资源禀赋存在明显差异，区域间文旅产业发展水平参差不齐，部分地区文旅产业链条短、配套设施不完善、服务水平较低，导致整体竞争力不足，难以形成区域联动效应。尽管中部地区文化资源丰富，但在文化资源的深度挖掘和创意转化方面存在不足，旅游产品以传统观光型为主，缺乏创新性和体验感，未能充分满足游客日益增长的多元化需求。中部地区文旅产业多由政府主导，市场机制作用发挥不足，社会资本和民间投资进入文旅领域的积极性不高，导致资金短缺、项目开发周期长、创新活力不足。中部地区在推动文旅融合与乡村振兴协同发展过程中，存在文旅资源与乡村经济发展脱节的现象，文化遗产保护与开发、乡村旅游与地方特色产业融合等方面存在较大短板，未能形成完整的产业链和利益共享机制。

（三）中部地区文旅融合应对策略

乡村振兴和文旅融合是一个长期、系统的复杂工程。中部地区在文旅融合发展中具有得天独厚的资源优势和良好的政策环境，但也面临着区域发展不平衡、产品创新不足、市场化程度不高等现实挑战。一是政府作为文化和旅游产业的引领者和服务者，应通过科学规划、政策引导和资源整合，实现区域文化与旅游深度融合的总体布局。具体来说，政府应依托大量调研数据和实地考察，客观评估区域内历史文化、自然景观和民俗风情等优势资源，同时识别基础设施、服务体系及市场机制等方面的短板。在此基础上，政府部门能够制订出既符合区域实际情况又具有前瞻性的总体规划，为后续各项举措提供指导依据。二是应根据各省文化和自然资源禀赋，因地制宜地制定文旅融合发展战略，推动区域间资源共享和产品互补，形成“一核多极、多点联动”的文旅发展格局，打造区域特色文旅品牌，提升整体竞争力。充分发挥文旅产业在促进乡村经济发展中的带动作用，推动“文化＋旅游＋乡村”融合发展，培育乡村文化品牌，发展乡村民宿、休闲农业、文化创意等新兴业态，促进乡村经济转型升级，增强乡村振兴的内生动力。三是应加强对历史文化、非物质文化遗产的保护和活化，推动传统文化与现代科技相结合，利用数字化、沉浸式体验等手段，开发富有创意和互动性的文旅产品，满足游客多元化、个性化的需求。四是应优化文旅市场营商环境，完善投融资机制，吸引社会资本和民间投资进入文旅领域，通过PPP模式、政府引导基金等方式，支持文旅融合项目开发，提升市场化水平，增强产业活力。五是进一步完善交通、通信等基础设施，提升景区内部及周边的公共服务水平，加强智慧旅游平台建设，推动景区门票、住宿、餐饮、交通等要素的一体化服务，增强游客体验感和满意度。

综上，中部地区的文旅融合可以推动区域联动与差异化发展，加强文化资源活化与创新，优化市场机制和社会资本参与，完善基础设施和公共服务体系，推动文旅与乡村振兴协同发展。

三、川渝云贵藏等西部地区

我国西部地区包括陕西、四川、云南、贵州、广西、甘肃、青海、宁夏、西藏、新疆、内蒙古以及重庆，共计12个省（区、市）。西部地区的总面积约占全国的72%，人口约占全国的27%。多元化的地形特征与气候条件孕育了独特的自然景观资源，再加上深厚的历史人文积淀，使西部地区成为海内外游客的重要旅游目的地。丰厚的历史遗存、密集的文化遗址与鲜明的民族传统共同塑造了西部地区特有的文化生态。国家统计局显示，截至2020年，西部地区A级旅游景区有4625处，含5A级景区99处、4A级景区1470处。2024年西部地区文化及相关产业营业收入突破11697亿元，增长4.2%。该增长态势得益于各省（区、市）将历史文脉与民族文化深度植入旅游产品开发，重点打造具有地域标识的文化旅游项目，持续吸引大量游客来访。部分乡村地区通过挖掘非物质文化遗产与乡土文化遗产，有效引导资本投入乡村旅游开发，探索出文旅融合赋能乡村振兴的创新路径。典型案例包括甘肃敦煌石窟艺术开发、四川三国文化主题旅游、陕西大唐不夜城文旅综合体及广西“三月三”民俗节庆活动等。然而，受区域发展差异影响，部分地方政府在职能履行与政策执行层面仍存在提升空间，文旅融合的实践深度与覆盖广度有待持续强化。

（一）西部地区文旅融合发展案例分析

1. 陕西榆林常乐堡村

陕北地区拥有腰鼓、窗花、雕刻、民歌、秧歌等多种文化遗产。历史文化与现代文明的有机衔接，使黄土高原的窑洞文化逐步发展为陕西省的特色文化标识。作为国家级非物质文化遗产的陕北信天游，其艺术影响力已突破地域限制，形成了广泛传播的文化符号体系。以肉夹馍、臊子面、炖羊肉为代表的饮食文化，不仅体现了地域特色生活方式，更在乡村旅游开发中具有重要开发价值，亟待系统性挖掘与推广。尽管陕西省文旅资源禀赋突出，但当地的乡村文旅融合发展仍面临着多重挑战。受制于地域乡村文化IP差异性和辨识度的不足，部分乡村存在旅游产品同质化现象。

以榆林常乐堡村为例，该村虽具备显著地理区位优势与深厚历史底蕴，但因旅游规划缺乏特色定位，导致品牌形象模糊化，游客体验维度单一，对外部客源吸引力有限。同时，常乐堡村的文旅开发还面临着文化遗产保护机制不健全的困境，具体表现为村民文化保护意识相对淡薄，部分遗址存在保护措施失当、修复工艺规范性不足等问题，这些问题制约了旅游资源可持续利用的效率。当前，常乐堡村乡村旅游的推广仍以传统电视广告和口碑传播为主，现代网络营销工具的应用仍然存在缺口。虽然互联网技术为信息传播创造了便利条件，但像常乐堡村这样的多数陕北乡村尚未运营出专业有效的微博、公众号等新媒体账号，数字化传播能力亟待提升。因此，在文旅融合策略方面，常乐堡村需立足地域文化特质，融合数字技术手段，推进旅游产品的差异化开发，重点打造具有文化识别度的特色项目；完善文化遗产保护制度，建立文旅经济协同发展的长效机制；同时，依托现代信息技术，构建包括新媒体在内的多维传播矩阵，通过精准化网络营销策略拓宽乡村文化 IP 辐射范围，深化游客认知深度。

2. 云南西双版纳

西双版纳傣族自治州地处云南省边境区域，作为集边疆特征、山地地貌与民族特色于一体的欠发达地区，其文旅开发具有特殊战略价值。近年，该州持续推进“世界旅游名城”的建设工作，着力落实《西双版纳傣族自治州国民经济和社会发展第十四个五年规划和二〇三五年远景目标纲要》的既定部署。当前，乡村旅游呈现快速发展态势，当地各村镇依托民族文化资源禀赋与自然生态优势，通过打造特色旅游村寨、培育支柱产业及发展农民专业合作社等举措，有效扩大了中等收入群体的规模。在西双版纳，民俗客栈、休闲农庄与旅游景区规划建设有序推进，特色民族村寨与文旅小镇已成为区域乡村旅游示范项目。依托独特的民族文化基因、完善的旅游要素配置及热带雨林景观体系，西双版纳年度接待游客量达数千万人次。

其中，西双版纳勐罕镇在“三曼”（曼空岱、曼峦站、曼空迈）项目中，通过金融手段向当地村民提供了民俗改造资金，并发放贷款支持当地村民开设便利店、咖啡馆等，村集体收入得到显著增长。同时，西双版纳非常重视当地非物质文化遗产的保护传承工作，并凭借当地非物质文化遗产文化禀赋实现了创收。例如，在曼听村，当地探索了非物质文化遗产产业化的活化途径，推出了制陶、编织等一系列研学课程，不仅实现了文化保护，还带动了当地收入的提升。

3. 西藏林芝巴宜区嘎拉村

西藏自治区在乡村振兴战略框架下，将特色农业开发、乡土文化传承与乡村旅游发展确立为核心实施路径。三者的有机融合不仅有效提高了农牧民收入水平与生活质量，更在破解农业生产效率瓶颈方面发挥了关键作用。当地积极进行政策引导与基建投入，累计有 27 个乡村入选中国美丽休闲乡村名单。民俗村落保护、传统建筑活化利用及乡村治理示范工程等项目的实施，推动形成了乡村文旅深度融合发展格局，既促进了特色农产品市场的拓展，又强化了民族文化传播效能。在此过程中，当地创建的“文创西藏”区域公用品牌体系，显著增强了文旅产业协同效应。该品牌体系通过深度开发唐卡艺术等非物质文化遗产元素，将其文化符号系统植入旅游产品设计，大幅提升了景区文化附加值。

西藏林芝巴宜区嘎拉村拥有 270 余亩，生长着 1000 余棵野生桃树，自 2002 年开始举办桃花旅游文化节，至今影响深远，口碑深厚。在桃花旅游文化节期间，藏族民族服饰旅拍、藏族美食特产、骑马观光等体验项目吸引了众多前来参观的游客。凭借得天独厚的桃花资源，嘎拉村的“桃花经济”玩出了花样，成为当地群众增收致富的重要途径。2022 年，嘎拉村桃花节接待游客 14 万人次，创收 460 余万元，户均分红 10 万元。嘎拉村还通过探索生态价值转换路径，建设农业综合体等项目，同时延伸发展出采摘园、油菜花观赏项目，不断壮大了村集体经济。在生态与旅游的良性互动中，嘎拉村走出了一条把生态颜值转化为经济价值的特色发展之路。

（二）西部地区文旅融合的资源优势与面临的挑战

西部地区在历史文化遗产维度展现出显著优势，其民族传统技艺体系与红色文化资源库也具有不可替代性。以陕西长安文化遗存、四川三国遗址群落、云南多民族活态文化为代表的资源矩阵，不仅承载着厚重的历史叙事价值，更通过场景化开发形成差异化旅游体验，持续释放跨区域客源吸引力。西部地区各省（区、市）将当地文化进行解析、解构和深度诠释，并将其运用到旅游业中，使遗址保护、非物质文化遗产活化与现代消费需求实现了精准对接，从而出现了沉浸式剧场、非物质文化遗产工坊等多元化的文旅产品形态。与此同时，西部地理格局的多样性与自然景观的稀缺性为文旅融合提供了生态基底。青藏高原湖泊群、陕甘黄土塬地貌、横断山脉垂直带谱等独特自然遗产，在生态旅游市场形成了垄断性的竞争优势。西部地区的地方政府通过“全域旅游 +”战略的实施，系统推进了生态资源资本化进程。例如，青海湖区域发展环湖骑行经济，年产值突破 8 亿元；陕北黄土高原创设了窑洞民宿集群，带动当地 12 万农民转型为文旅从业者。这种自然景观、文化要素、产业载体相融合的三维融合模式，使生态红利有效转化为民生福祉。

尽管西部地区具备丰富的文旅资源，但是当地文旅融合的实际进展仍面临一些挑战。首先，西部部分地区的文旅资源开发较为粗放，缺乏系统化规划和品牌 IP 建设，导致资源开发效率较为低下。部分乡村在开发旅游资源时，缺乏差异化特色，这限制了当地文旅融合的深入发展。因此，西部地区各省（区、市）需要依托本土特色，结合现代市场需求，打造具有独特文化符号的旅游品牌，积极探索和实施更加精准的开发策略，通过深化地区非物质文化遗产的保护与传承，提升文旅产品的文化内涵。其次，西部地区的基础设施建设尚需进一步加强，旅游接待能力需要进一步提高。随着“十四五”规划的推进，西部地区在交通、住宿、信息服务等方面的基础设施建设得到了显著改善，这为旅游业的发展奠定了坚实的基础。对于较为偏远的乡村地区，基础设施的改善能够有效促进乡村旅游的可持续发展，同时提高当地居民的收入水平。最后，西部地区需在政策引导和资源整合方面进一步发力，推动文旅深度融合。近年来，西部地区通过制订乡村旅游发展规划，推动乡村旅游与农业、文化产业的深度融合，使政策环境、产业生态有所改善，同时随着基础设施建设的加强、旅游服务质量的提升，西部地区乡村振兴背景下的文旅融合得到稳定发展。

（三）西部地区文旅融合的探索与启示

1. 树立乡村文旅品牌意识

品牌 IP 是推动旅游业可持续发展的核心力量，西部地区文旅融合应重点塑造具有特色的乡村文旅 IP，扎根本土文化，突出乡村旅游的自然、绿色和朴素特性，以自然景观、文化遗产和历史背景等核心元素为基础，制定差异化的品牌定位策略，围绕重点产业领域，培育具有地方特色的产业品牌格局。同时，塑造品牌 IP 还应当借力于地方头部企业，推进产业链的完善与品牌建设；为了推动产业品牌的高效发展，还应当建立品牌创优评级和交流合作机制，形成具有核心竞争力的产业品牌体系。

2. 加大数字文旅创新力度

创新驱动是文旅深度融合发展的内在动力，创新的关键在于构建文旅融合中的创新链和价值链，通过创意和多样化的科技手段，实现文旅深度融合的质变。在扩展文旅融合的广度上，尤其是在开发线上数字文旅新业态方面，西部地区亟须加大创新力度。西部地区应利用独特的文化资源，打造富有吸引力的数字化乡村旅游品牌，形成具有较高辨识度和广泛影响力的旅游名片。对于现有的云展览、云旅游、云直播等数字化手段，可以考虑进一步融入更多创新元素。例如，与文物虚拟合影等互动体验，可以吸引游客参与，增强游客的沉浸式体验。对于因自然环境或文物修缮无法开放的景区，可以将无人机与虚拟现实技术结合，为游客提供身临其境的数字化游览体验。目前，西部地区的一些景区虽然已提供丰富的数字化体验产品，但在文物与景点的内在故事传播上仍存在明显不足。如果景区方面只是单纯地为游客提供如文物出土时间、外观特征、景区面积等基础数据，往往无法有效激发游客的文化兴趣；要想提高游客的游览兴致，更为重要的是深入挖掘文物背后的历史背景，探讨其与其他历史事件之间的关联，发现与文物相关的历史事件和文化符号，以此赋予文物新的文化生命。这样，不仅能提升游客对文物的认知深度，也能够让游客在欣赏文物的同时，感知其蕴含的深厚历史文化内涵，从而推动文旅深度融合。

3. 构建完备的文旅监管体系

实现资源优化配置与产业健康发展，须构建完备的文旅监管体系。应建立文旅融合动态响应机制，依托大数据构建文旅产业监测云平台，实时采集景区承载量、游客行为轨迹、文化遗产微环境等关键指标；针对文旅融合的动态性与复杂性建立动态监测评估系统，实时追踪文旅项目生态影响指数与文化遗产活化效能值。在这一方面，敦煌研究院的大数据监测相关创新实践具有示范价值，该研究院通过毫米波扫描与微环境调控技术对莫高窟实施预防性保护，同时开发了“数字敦煌”沉浸式体验项目。相关部门还需不断调整监管政策，实施分级分类监管制度，针对如三江源地区等生态敏感区与莫高窟等文化核心区设定差异化的开发阈值。开发项目应始终坚持“保护优先、合理利用”的原则，避免因过度开发而带来的生态破坏。

4. 全域统筹多业态融合发展

近年来，随着消费场景和消费模式持续更新，乡村文旅产业的内涵需求以及品质要求也逐渐提高。文旅融合项目的多元化发展给乡村旅游市场增添了新的活力，不但给游客带来了丰富的体验，而且带动了当地消费，为乡村文旅产业向高质量发展筑牢了根基。随着乡村旅游热度的不断攀升，许多新产品和新业态如雨后春笋般出现。西部地区的文旅融合方案，一方面要顺应消费市场需求，另一方面要从多业态改革、转型以及深入革新当中寻求出路。其重点在于，推进乡村旅游资源的全域统筹，从而促使多种业态相互交融、共同发展。

第六章

文旅融合发展的未来趋势与展望

一、文旅融合的未来演进趋势

（一）市场需求变化趋势

目前，消费者在文旅体验中的需求呈现出多元化和个性化的发展态势。这不仅体现在消费者对传统文化资源和特色自然景观的选择上，还体现在消费者对文旅深度体验、互动参与和个性定制的强烈诉求上。消费者越来越注重文旅产品和服务的差异性以及情感共鸣，推动文旅融合从粗放型向精细化、体验型转变。基于此，文旅融合亟须在市场细分、目标定位以及创新服务模式等方面革新，以更好地满足消费者的多样化需求。例如，通过跨界融合文化创意、数字科技与传统乡村旅游等，构建多维度、多层次的产品体系，实现文化传承与现代消费需求之间的有机对接。对于乡村文旅产品及文旅融合发展的品质与体验，消费者也有更高层次的期待。在当前市场环境下，文旅融合不仅要具备高品质的硬件设施，还需在软实力上进行升级，采取精细化管理、专业化服务和品牌建设等方式，塑造独具特色的乡村文化形象。消费者对于文旅产品的体验逐渐由单一的旅游观光转向深度文化体验、参与性活动和生态互动，这也同时要求文旅产品在文化内涵、创新设计和服务体验方面实现全面提升。为此，相关部门和企业应有针对性地强化产业链整合和产品创新，通过引入智能化管理系统、构建体验式互动平台以及推进线上线下融合营销，从而提升整体服务质量和用户体验；同时，还需要注重对乡村地区传统文化资源的保护和再开发，保障文化元素与现代旅游服务相得益彰，推动传统文化的传承与创新发展。

1. 消费需求多元化和消费市场变革

在文旅融合的早期阶段，消费需求呈现单一化、同质化与功能化的特征。传统旅游模式多为景点打卡式的走马观花，游客的文化体验停留在表层，“文”与“旅”缺乏深度互动和情感共鸣。消费者主要追求“观光式旅游”，注重景区景点的自然风光或历史遗迹的静态展示，消费行为集中于购买门票、基础食宿和纪念品采购方面。

此后，当大量乡村陷入景观相似、业态趋同、品牌模糊的发展困境时，乡村文旅 IP 的分层级塑造就成为破局的关键。浙江“丽水山耕”品牌的经营实践就为此提供了典型样本。“丽水山耕”品牌是将地区公用品牌和村级乡村文旅 IP 联合起来，打造协同矩阵而成。地区公用品牌是农村产业的母品牌，它凝聚了地区资源，统一了价值认知，形成品牌整体形象。“丽水山耕”品牌整合了丽水 23 个县（市）的优质农产品，突破行政界限，将生态优势转化为品牌底蕴，提炼价值主张，统一视觉标识、质量标准和营销体系，使系列品牌具有辨识度。村级乡村文旅 IP 作为子品牌，重点在村落独特的文化符号、产业特质和生态禀赋上进行差异化挖掘。例如，在某一品牌框架下进一步细分市场，通过独特的产品故事和体验场景的错位竞争，避免了村级乡村文旅 IP 资源分散和地区品牌“大而空”的问题，实现了产品的差异化。“丽水山耕”品牌的成功，缘于其完整的乡村文旅 IP 培育体系。在资源整合阶段，乡村文旅 IP 培育体系打破了各地区农产品销售各自为政的局面，将乡村文旅 IP 纳入生态精品价值体系，为农产品出品构建了完善的质量追溯链条；在品牌运营方面，乡村文旅 IP 培育体系构建了线上线下融合营销矩阵，在线上借助直播、短视频进行推广，在线下开设体验店，举办文化节，品牌溢价率超过 30%，农产品因品牌价值提升而畅销，这些营收成果体现出了品牌的可信度。特色乡村文旅 IP 为消费者追求的差异化体验提供了解法，事实证明，构建乡村文旅 IP 培育体系需要突破传统思维。一方面，“丽水山耕”

品牌需要政府主导、多部门参与，成立运营公司，统一管理授权、品控和营销，解决多头管理难的问题；另一方面，该品牌的成立需要借助数字化技术构建管理平台，监控品牌资产和运营数据，用大数据技术分析消费者的需求和反馈，优化 IP 产业链，推动文旅产业高质量发展。

随着社会经济发展与文化消费升级，文旅消费的多元化需求呈现年龄分层化、兴趣圈层化等显著特征。“银发群体”偏好文化深度游和康养休闲游，追求文化学习和健康体验。“Z 世代”青年则追求如“国潮 IP”“沉浸式剧本杀”“数字文旅”等快节奏的新业态，注重社交属性与感官刺激。例如，洛阳龙门古街《风起洛阳》虚拟现实项目的场场爆满，反映出该项目满足了年轻群体对穿越体验的期待。中青年群体和育儿家庭则更愿意选择研学旅行与自然教育结合的文旅产品，如茶文化民宿、生态农场的互动体验活动等。这说明，消费者的兴趣圈层呈现出垂直细分的新态势，消费需求从“大众化”转向“圈层化”，形成了文化符号驱动型的消费模式。在不同圈层中，文化圈层催生出汉服旅拍、古风街区等文旅消费场景；艺术圈层则使承担城市文化空间职责的美术馆、书店等公共设施具备了旅游功能。消费者消费需求的多元化，标志着文旅产业从规模扩张向质量提升进行转型，这要求文旅融合突破传统路径依赖，推动文旅产业成为满足人民美好生活需要的重要载体。

作为服务消费的重要组成部分，文旅消费市场的结构性变革呈现出从单一到复合、从中心到全域、从被动到主动的深度转型。随着文旅产品质量与品质的不断提升以及相关服务支撑体系的逐步完善，消费者进行旅游消费的动力得到了新的激发，推动了旅游消费进入新的提质升级阶段。消费者的消费场景更加复合化，从景区中心的集聚性消费，转变为全域性的弥漫性消费。近年来，“周边游”模式持续升温，乡村旅游、生态旅游和露营等活动成为游客的热门选择。个性化与定制化的旅游服务需求日益增加，定制游市场得到了快速增长。某旅行社的数据显示，在 2025 年春节假期期间，“一对一团”类高灵活度、自由度大的产品得到了游客的广泛关注。同时，在消费市场中的旅游目的地方面，随着低线城市及县域地区基础设施的完善，网络覆盖范围的逐渐扩大，旅游服务供给质量的显著提升，以县镇及农村地区为代表的文旅消费市场的活跃度明显提高。消费市场的结构性变革，要求文旅产业从单一的规模扩张，转向深度的价值深耕。未来，须以场景创新为突破口、技术赋能为杠杆、文化自信为内核，构建协同发展的新型文旅融合生态。唯有如此，文旅融合方能突破同质化竞争与供需错配的桎梏，实现质变。

2. 新质生产力赋能文旅产业高质量发展

在经济高质量发展的背景下，传统同质化、标准化的旅游产品和服务已无法满足游客日益增长的个性化、多样化需求。随着旅游消费模式的不断变化，游客的需求已从单一的基础功能型转向更加注重高端体验型的旅游服务。这一转变使资源不再是旅游业发展的唯一决定因素，文旅产业的转型升级显得尤为迫切。因此，必须加快发展新质生产力，推动科技创新，并及时将创新成果转化为具体的产业应用，以此为文旅深度融合发展提供新的解决方案。新质生产力凭借其高科技、高效能、高质量等特征，已成为推动文旅产业深度融合和高质量发展的关键因素。它不仅能够显著提升文旅产品的附加值，还能通过技术创新和商业模式的创新，推动文旅产业的高质量转型。例如，智能化的旅游服务平台、个性化的定制旅游产品和绿色可持续的旅游发展模式，都能有效满足游客对体验感、个性化和环保意识日益增强的需求。

以新质生产力赋能文旅产业高质量发展，契合人们追求美好生活需要，有利于激发文旅产业创新创造活力，应深入探讨新质生产力对我国文旅产业发展的深远影响。这要求相关部门充分挖掘中华文化资源，激发多元受众的创作活力，培育内容生态并提升公众素养，拓展创新数字应用场景，激活文化经济，进而推动消费类型的多样化、消费层次的提升与消费群体的变迁。然而，由于新质生产力本身依赖于科技创新，且科学技术从产业到市场的传导路径存在一定的滞后性，如何有效传导新质生产力的潜能成为问题的关键。为此，必须深刻理解文化经济发展的规律，扎实推进文化和科技深度融合发展，动态协调政府与市场的互动，保障优质产业的发展空间，推动文旅融合的高质量可持续发展。

3. 传承民族文化基因增强民族文化认同

文旅产业的发展承担着传承民族文化基因、促进社会进步的重要使命。随着21世纪全球化进程的深入推进，国家之间的文化博弈愈加激烈，物质商品背后的文化符号体系逐渐与国家形象、民族文化特征紧密相连，文旅融合逐渐推动个体与族群文化共同体之间相互认同的同构过程。正如德国学者扬·阿斯曼所言，集体构建了一种自我形象，而集体成员与这一形象进行身份认同。集体认同的形成并非“理所当然”的，它依赖于个体在多大程度上承认这一形象的存在。而文旅体验对消费者脑中的“集体形象”产生影响，从而让文旅消费者对自我文化身份形成深层认同，促使消费者对本民族文化产生更深厚的认同感，进而倾向于选择具有民族特色和历史底蕴的文旅产品。随着民族文化认同的增强，人们对民族文化产品的消费需求会随之提升，相应的审美水平也会提高，这就要求文旅产品的开发更加注重民族文化内涵的体现、产品设计的创意呈现和独特的文化体验感。在新时代背景下的文旅融合，是我国对世界文旅行业发展趋势的战略性回应，既能推动国家文化软实力的提升，也能促进民族文化的深层认同。推动文旅有机融合，是保护、传承和弘扬中华优秀传统文化、坚定文化自信的重要路径，也是促进经济高质量发展的新动能、新优势，是满足人民日益增长的美好生活需要的重要渠道。

（二）数字化技术的革新与深层应用

随着科技的迅猛进步，数字化技术已经成为推动各行业转型升级的重要动力。在文旅产业领域，数字化既是一种技术工具，更是一种全新的思维方式和运营模式。文旅融合的进程不仅仅依赖文化和旅游元素的融合，还要借助技术的革新与深层应用，激活旅游的存量和流量。数字化技术、云平台、智能化服务等新兴技术为文旅产业带来了前所未有的机遇，网络直播、短视频以及云旅游等项目蓬勃发展。自2020年起，文化和旅游部等相关部门陆续出台一系列重要政策文件，包括《在线旅游经营服务管理暂行规定》《关于推动数字文化产业高质量发展的意见》《关于深化“互联网＋旅游”推动旅游业高质量发展的意见》等，促使数字文旅产业在政策层面逐步成熟和规范化。

智慧文旅作为新兴文旅业态，已在文旅产业的融合发展中得到广泛应用，并日益成为推动文旅产业实现高质量发展的关键路径之一。在这一过程中，对数字技术的应用，将会为乡村文旅产业提供全方位的创新支持。具体而言，从业者应引入全息投影、立体成像、三维建模等先进技术，作为乡村文旅产业发展的核心技术，推动多业态的旅游体验研发。同时，要以游客需求为导向，进行旅游项目开发，将传统的乡村文化资源进行有效激活，以满足新时代游客的多元化需求。在新兴技术的运用方面，可以将“特色文化”与“智慧旅游”相结合，利用虚拟现实等前沿科技手段，深入挖掘和传承乡土文化与地方风情；研发旅游服务平台、增强现实路线导览系统以及智能解说系统，推动传统文化与现代科技的深度融合，从而形成具有地方特色和创新优势的乡村文旅业态。此外，还应加快乡村公共管理服务的“智慧化”进程，通过智能化管理提升乡村文旅的服务效率和质量。通过加强乡村文旅的智能创新服务，不仅能够刷新游客对乡村文旅的认知，还能有效提升乡村文旅的市场竞争力，推动其高质量发展。随着科技赋能乡村文旅产业的不断深化，乡村文旅将在保护和传承地方文化的同时，充分满足现代游客对个性化、智慧化旅游体验的需求，从而实现乡村振兴与文旅融合的高质量发展。

1. 数字化内容的创作与传播

数字化内容的创作与传播是制作者利用数字技术和网络平台，对具体内容进行从生产加工到发布、传播的全过程。在乡村振兴与文旅融合的深度推进中，数字化内容的创作与传播已成为重构文化表达、激活产业动能的核心要素。短视频平台以高度的互动性和实时性，极大地推动数字化内容的生产和传播。中国互联网络信息中心发布的第 55 次《中国互联网络发展状况统计报告》显示，截至 2024 年 12 月，我国网络视频用户规模为 10.7 亿人，较 2023 年 12 月增长 347 万人，占网民整体的 96.6%。其中，短视频用户规模为 10.4 亿人，占网民整体的 93.8%。

数字化内容创作推动了乡村文化从“资源”向“IP”转型。数字化内容创作可将农业文化遗产、生态景观转化为“数字藏品”。比如，福建乡村利用数字技术孵化出第三代电商平台“云上农场”，吸引投资并提升了品牌溢价。数字化内容传播可突破传统媒介的单向性，构建跨平台、多模态的传播网络。短视频、直播等新媒体平台愈来愈成为乡村文化传播的主阵地。例如，抖音平台通过算法推荐机制，使潮汕英歌舞、木版年画等非物质文化遗产技艺迅速“出圈”，形成现象级传播效应。与此同时，社交媒体的互动性还能够进一步提高用户参与度，推动乡村文化从“被动接收”转向“主动共创”。《“十四五”规划纲要》明确提出，要大力建设数字化内容的应用场景，推动数字文化旅游的创新发展，并对其战略定位进行了细致的规划，为我国文旅产业的数字化转型提供了理论依据和实践路径。在数字文旅发展中，创新的营销模式同样至关重要。基于中华优秀传统文化，数字文旅应精心提炼具有特色的时尚文化，并通过信息技术将流量转化为实际消费。数字化内容的创作与传播依托网络直播、社交媒体等新兴平台，拓宽了营销路径，推动了旅游产品的推广和消费，提高了旅游市场的活跃度，还为旅游业创造了新的经济增长点。

2. 搭建智慧旅游服务平台

旅游业高度依赖信息的先进性，信息技术的应用已经成为现代旅游业发展的核心驱动力。云计算、物联网等先进技术的成熟，促使相关技术成本不断降低，国家在智慧旅游及文旅融合方面的支持力度也日益加大。智慧旅游服务平台是由政府主导搭建的，面向旅游企业、游客及政府管理部门提供的一站式服务系统。政府借助智慧旅游服务平台，为旅游业提供智慧管理、智慧服务及智慧营销等公共服务，提升旅游行业的管理效能与服务质量，同时增强行业的市场竞争力与可持续发展能力。在智慧旅游服务平台的驱动下，智慧旅游系统的协同效应不断增强，推动网络平台与加盟企业、旅游服务主体之间的合作关系不断深化，形成相互支撑、协调发展的产业格局。在这一过程中，智慧旅游系统实现从传统单向服务模式向智能协同模式的转变。智慧旅游服务平台不仅提升了服务效率、降低了运营成本，还通过数据驱动的智能调控能力，推动了供需双方的价值共创。智慧旅游服务平台服务模式的核心在于，以游客体验为中心，基于对游客显性和潜在需求的精准识别，提供高度个性化、全方位覆盖的智慧旅游服务，推动旅游产业的智能化转型。智慧旅游服务平台不仅是旅游产业数字化发展的关键，也是推动旅游业服务创新、提升行业管理能力的重要举措。通过智慧旅游服务平台，乡村文旅能够更加高效地连接游客和本地资源，推动乡村文旅向数字化、智能化方向转型，从而加速乡村振兴战略的实施，并为文旅融合的深入发展奠定坚实的基础。

3. **大数据分析与人工智能深度融合**

大数据分析与人工智能深度融合，能够突破传统产业要素的组合模式，进行多维度数据耦合与智能算法迭代，形成具有自组织特征的文旅价值网络。随着大数据、人工智能等数智技术的迭代发展及其在文旅产业中的广泛应用，现代文旅产品和服务的供给方式正经历深刻变革。数智技术的深度融合使文旅产业在资源整合、运营管理、产品创新等方面形成更加智能化、精准化的发展模式，为推动文旅产业高质量发展提供了重要支撑。在数智技术驱动下，文旅融合呈现出三个显著特征：一是从封闭到开放，二是从单点到网络，三是从消费到共创。具体而言，数智技术突破了地域性资源的垄断，推动文化资源传播，使各类文化价值能够跨越地理边界、面向全球传播；借助数据链技术，文旅产业的各环节得以通过数字化连接，形成了从资源开发、利用到再生的完整闭环；文旅消费者的角色发生了深刻转变，从传统的被动接受者转变为资源的共创者，参与到文旅资源的创造与优化中，推动了文旅生态系统的可持续演化。

在文化资源活化维度，深度学习算法与多模态数据分析等数智技术则可以实现文化遗产的数字化解构与语义化重组。敦煌研究院构建的壁画病害智能诊断系统，通过卷积神经网络对 4.8 万平方米壁画进行毫米级裂纹识别，使文物保护响应速度提升了 300%。借助数智技术，可以打造数字博物馆、虚拟旅游线路等虚拟旅游体验，打破传统旅游的地域限制，满足多元化的文化需求。借助高精度扫描、三维建模及云端存储技术，则可以把分散的文化遗产资源有效转化为可共享的数字化资产，对文化遗产进行更加精准和高效的数字化记录，为文化资源的保护、管理和传承提供更为科学和长效的解决方案。在产业治理层面，数据驱动的决策模式正在消解城乡文旅资源的配置壁垒，形成要素流动的新型城乡共同体。总之，数智技术为文旅产业带来前所未有的转型机遇，也为各方提供了更多的共创空间。

（三）政策导向与行业发展方向

1. 乡村振兴战略的政策指引

乡村振兴战略不仅涉及乡村经济的振兴，更注重文化与旅游产业的深度融合，推动经济和文化的协同发展，全面提升乡村振兴的内涵和外延。文化和旅游部等五部门联合发布的《关于开展文化产业赋能乡村振兴试点的通知》，使文化产业赋能乡村振兴工作步入新阶段。通过文旅融合发展的路径，文化消费市场强劲复苏，教育文化娱乐消费支出实现高速增长，文旅消费热度持续攀升，文旅产业迎来全新发展高度。例如，榕江县通过“村超”赛事激活乡村经济，赛事期间酒店爆满，带动酸汤鱼、锡利贡米等 38 类地标产品销售额达成可观增长，形成“文体旅商”四维联动模式。在文旅融合发展过程中，乡村可以实现经济与文化的双重提升，进而推动乡村的全面繁荣，将乡村建设成为宜居、宜业的现代化乐土，作为民族文化传承与发展的重要基石。文旅产业的深度融合，促进了文化的创新性传承，推动文化在现代化进程中的活态传承。这一融合不仅能有效提升乡村文旅的文化品位和附加值，更能够促进乡村经济的可持续发展，推动乡村走上更加多元化、集成化的振兴之路。因此，乡村振兴战略中的文旅融合发展是提升乡村经济活力的途径，更可推动乡村文化复兴，提升乡村社会发展质量。

2. 新发展理念的引导与驱动

创新、协调、绿色、开放、共享的新发展理念是新时代高质量发展的行动指南，深刻反映了高质量发展的核心内容，指引着高质量发展的具体过程，并对最终成果产生重要影响。我国文旅融合的发展必然受新发展理念的引导与驱动。创新强调文旅融合要在赓续传统的基础上实现突破。在创新发展理念的指引下，数字化、信息化、智能化的科技创新成果层出不穷，推动文旅资源整合优化，文旅产品持续创新，文旅业态全新升级，为文旅融合高质量发展提供源源不断的动力。协调为文旅融合高质量发展构建平衡机制。协调发展理念强调从整体和系统的视角解决发展中的不平衡问题，旨在提升产业融合的系统性与平衡性。在协调发展理念的引导下，优化产业和城乡结构成为地区统筹协调的重要任务，同时也是实现全局、全域、全面文旅融合发展的必然要求。绿色为文旅融合高质量发展提供生态保障。文旅融合发展是一个长期过程，难免伴随次生环境问题。绿色发展作为可持续发展观的集中体现，在绿色理念的指引下进行生态文明建设，是解决文旅融合过程中环境问题的必然选择。开放为文旅融合发展创造广阔空间。当前我国经济发展的重点方向，在于构建以国内大循环为主体、国内国际双循环相互促进的新发展格局。在开放发展理念的引导下，扩大循环开放力度，能够有效打破文旅融合高质量发展中要素跨界流动的地域限制，促进农、文、旅之间各要素良性互动。共享为文旅融合发展明确价值取向。共享发展理念强调普惠性，坚持让发展成果更多更公平地惠及全体人民。文化是人类创造的，旅游则以人为中心。在共享发展理念的指导下提升共享繁荣程度，能够激发全体人民群众在文旅融合过程中的积极性和创造性，最终实现文旅融合成果全民共享。

3. 推进文旅人才队伍建设

在“党管干部、党管人才”的原则指导下，国家高度重视文旅人才队伍建设，相关行政部门陆续制订相应的人才发展规划。2009 年，文化部和国家旅游局联合发布《关于促进文化与旅游结合发展的指导意见》，提出要积极培育文化旅游人才，联合制订培训规划，建立实践基地和专业，标志着文旅人才融合培养的开端。以移动互联网为代表的现代科技革命对社会各领域产生的深刻影响，也使文旅人才需求发生巨大变化。首先，线上文化和旅游业态兴起，扩大了业内对数字技术人才的需求。其次，文化与旅游的深度融合趋势愈加显著，文旅人才的缺口愈加多样化。最后，当前文旅人才的培养模式、课程体系和师资结构等方面存在不足，教育和培训机构必须进行改革，以适应新的发展需求。乡村文旅人才队伍建设状况直接影响乡村文旅产业的发展水平。然而，当前文旅人力资源开发存在单向思维和行业壁垒，难以产生双向融合的人才效应。所以，推进文旅融合发展，需要正视现实问题，采取有效措施促进人才队伍建设，培养实践型、复合型人才，促进乡村振兴和产业发展，为文旅融合发展提供坚实的人才保障。

二、乡村振兴与文旅融合有效衔接的愿景与展望

在乡村振兴与文旅融合的推进过程中，建立科学高效的衔接机制至关重要。这不仅关系到乡村经济、社会、文化的全面振兴，也直接影响到我国城乡协调发展和产业升级的整体格局。文旅融合作为推动乡村振兴的重要引擎，能够实现乡村经济的可持续增长和文化价值的深度挖掘。

乡村振兴与文旅融合在目标导向上具有高度协同性，两者通过乡村文旅发展共同促进乡村社会经济系统升级。文旅融合秉持“易融尽融、能融尽融”，着力实现文化要素与旅游载体的有机整合，从而达到“以文促旅、以旅彰文”的双重效应，推动城乡文旅资源的协调发展。乡村振兴战略则依照“产业兴旺、生态宜居、乡风文明、治理有效、生活富裕”的总要求，实现乡村全面振兴。“十四五”规划强调要实现乡村振兴，必须推动乡村特色产业发展。文旅融合通过文化创意赋能的实践路径，有效提升乡村文旅产品的市场吸引力与竞争效能，驱动乡村经济结构向多元化、高附加值方向转型，系统推进乡村振兴战略目标的全面实现。它不仅是一种旅游产业形态的创新，更是一种跨产业、跨领域的资源整合方式。乡村振兴与文旅融合的深度衔接，关键在于乡村一二三产业的有效融合，本质上要求文化资源激活乡村旅游，依托数字技术赋能乡村文旅产业。

（一）产业升级促进三产融合

乡村文旅融合的首要任务是推动农业现代化。传统农业面临着生产效率低、资源利用率差等多重挑战，而数字化、智能化的农业技术为解决这些问题提供了

可行路径。在乡村文旅融合的实践过程中，绿色生态农业作为核心内容，依托现代科技和数字技术，全面提升了农业生产的效能。数字技术能够实时跟踪农业生产各环节的数据，对农业全程实施精准监测与管理，提升管理的智能化水平，推动农业生产向绿色、智能、可持续方向发展。智能化育种、自动化养殖等现代农业机械设备的广泛应用提高了生产效率，促进了农业产品的高附加值转化。同时，信息技术的运用助力农村电商快速发展，将地方特色农产品通过互联网平台直接对接市场，减少了中间环节，提升了农产品的市场竞争力，为产业升级注入新动能。

但是，当前乡村一二三产业的融合存在瓶颈。土地作为乡村经济发展的基础资源，其流转受到土地政策和法律法规的限制，难以在不同产业之间高效流动。乡村人才的短缺与结构性失衡，也制约现代农业、文旅产业等新兴业态的发展。这就需要在乡村振兴与文旅融合的进程中，乡村文旅产业通过有效的产业整合，发挥文化产业的高附加值、融合性以及旅游产业载体性强、辐射带动力大、消费影响力强的特点，推动文旅产业与其他相关产业的深度融合，能够实现产业升级，提升乡村经济的整体发展水平。

文旅融合对乡村振兴的助力，不是要求农业进行单一发展，而是要让其形成一个完整的产业链，在生产、休闲、文化和教育等多个层面实现有机融合，推动农村经济的多元化发展。文旅融合以产业转型推动乡村产业从单一低端的生产模式，逐步向多门类、高端、综合性的产业体系发展。传统的农家乐作为观光体验类的旅游形式，已经无法满足现代消费者对深层旅游体验的需求。创意农业、体验观光农业、农村电商等新兴业态形式，不仅为乡村振兴提供了强有力的支持，还能够在保留乡村原有生态空间的基础上，推动乡村向创意乡村、数字乡村和智能乡村转型。乡村文旅融合与农田景观、乡村风貌和传统文化有机结合，吸引了大量游客来体验农业生产的全过程。近年来，多地通过创新乡村文旅融合路径，探索出一系列新的农村发展模式。例如，一些地方在传统的农舍和古宅基础上发展出特色民宿，依托独特的自然景观和历史文化资源，提升了农村住宿和餐饮等相关服务的品质，促进了农村经济的转型升级。这种一二三产业深度融合的模式，不仅促进了农业的高效发展，也推动了乡村旅游、地方文化产业的繁荣，实现农村经济的多元化和持续增长。

（二）文化振兴推动乡村文化创新性传承

乡村是乡土文化的重要载体。乡村文化不仅承载着深厚的历史文化积淀，更具有地域性精神，是乡村振兴的灵魂。乡村文化振兴是乡村振兴的基础。乡村文化振兴意味着乡土传统与现代生活方式的有机结合，是乡村全面振兴的文化前提和核心要求。文化资源是文旅融合助力乡村振兴的核心支撑与竞争优势，深入挖掘和保护乡村文化遗产，能够传承悠久的乡土文明，增强乡村社会的凝聚力和向心力。乡村文化的振兴与文旅融合相辅相成，文旅融合已经从初期的简单观光性体验，发展成为如今复杂的产业系统。文旅融合不仅仅是将文化作为景点资源来展示，而是通过深度融合形成以文化为核心的旅游体验，推动乡村文化的传播和传承。这一过程中，文化旅游不仅成为一种消费形式，也促进了文化的再创造与再生产，推动了文旅产业的创新发展。因此，文旅融合既是经济发展的新动力，更是文化自信的体现，为现代乡村发展提供了创新思路和文化支撑。随着乡村社会的不断发展，新的乡村文明和文化风俗逐渐涌现。文旅融合必须以社会主义核心价值观为指导，确保在保留乡土文化内核的基础上进行文化创新，赋予传统文化新的时代内涵，能够更好地回应现代社会的需求，推动乡村文化的全面振兴。同时，必须积极培养乡村居民的文化自觉与文化自信，使其在文旅融合的进程中成为乡村文化创造、传播与弘扬的主体。这有助于文化的创新性传承，增强乡村文化的凝聚力和向心力，推动乡村社区在文化上的自主发展。

（三）数字经济培育高质量发展新动能

在文旅融合助力乡村振兴的过程中，数字赋能发挥着至关重要的作用，它能够从多个维度提升文旅融合的质量。数字赋能指的是应用数字技术，利用数据资源、智能算法和计算能力，推动产业和社会系统的创新与升级。其核心在于，采用技术手段改造现有的产业形态，推动数字化转型，为各行业的创新与发展提供强有力的支持。数字经济消除了信息不对称导致的供需错位问题，能够使要素、产品和服务的供给与需求精准对接，推动资源的高效配置和产业的协同发展。在数字技术应用的过程中，文旅资源得以动态激活，使文化空间和旅游空间更加生动活泼，实现“以文塑旅、以旅彰文”的目标。数字技术为文旅融合的资源采集、保护和应用提供了技术支持，并为文旅融合提供了创新路径。例如，周庄古镇通过增强现实导览系统，实时叠加历史场景与现实景观，实现了游客对文化的“沉浸式”认知。又如，“一部手机游云南”全域旅游智慧平台的构建，借助数字技术与移动网络的深度结合，搭建了涵盖政府、旅游企业、景区和游客的互动平台，并通过区块链技术优化了景区电子票务系统，实现了购票与开票的线上同步，提升了服务质量与效率，使文旅融合的价值共创效能得到规模化落地。

文旅融合的高质量发展离不开新产品与新服务的持续创新。数字经济赋能文旅融合的关键在于算法和算力的突破，在大数据和人工智能技术的支持下，文旅产品与服务的创新能够推陈出新，提升游客的参与感，促进文化的传承与弘扬。例如，北京昌平区的2022年文旅商圈增强现实艺术嘉年华活动利用高精度地图、空间计算能力和增强现实技术，创新了文旅产品的呈现形式，提升了文旅体验的深度与互动性。地方政府与文化旅游部门应深入贯彻数字经济与实体经济深度融合的发展战略，系统性地培育文旅融合的高质量发展新动能；应推动大数据、人工智能等数字技术的深度应用，加强数字治理能力，促进旅游设备、管理系统等软硬件设施的智能化和网络化升级；还应结合各自的资源禀赋优势，搭建数字文旅平台，优化文旅融合发展的价值共创机制。具体而言，首先，根据文旅融合的发展特点、趋势及需求，打造科学专业的资源组合、要素供给以及产品与服务的交易平台，为文旅融合高质量发展提供坚实的基础。其次，借助智慧旅游的发展契机，建设具有前瞻性的数字文旅平台，以促进要素精准供给、生产工艺创新、文旅产品创新和新业态价值链整合，推动资源、技术、产品和服务的渗透与协同，进一步提升文旅融合的整体质量。最后，针对不同地区的数字经济发展现状和数字赋能效果，实施差异化的数字文旅发展战略。例如，提供税收优惠和财政补贴等政策支持，加快中西部地区数字经济的健康发展，强化数字文旅基础设施建设，推动中西部地区数字文旅高端人才的培养，消除数字鸿沟。同时，要推进“东数西算”工程建设，促进东部、中部、西部地区数字经济的协同发展。

第七章

结论与建议

一、研究结论综述

（一）文旅融合的学理逻辑与内涵解析

文旅融合作为现代服务业转型升级的重要路径，其学理基础可追溯至 1986 年于光远提出的旅游双重属性理论。于光远认为，旅游作为一种活动，具有文化性与经济性双重属性。该理论系统阐释了旅游活动的文化本体性与经济外显性特征，强调文化要素对旅游资源开发、产业价值提升及服务主体专业化的支撑作用。20 世纪 90 年代，学界对文化和旅游关系的认知呈现显著分野，然而这一时期学界对文化和旅游关系的研究多数秉持“竞争互斥”的理论范式，尚未形成融合发展的系统性认知框架。进入 21 世纪，伴随实践探索的深化与政策导向的明晰，学界逐步构建起以“动态演进观”为核心的文旅融合理论体系。该体系以产品创新、业态重构、要素整合、市场协同、价值共创五大维度为表征，确立“文化为旅游铸魂，旅游为文化赋能”的共生发展逻辑。具体而言，通过文化资源创造性转化、产业要素系统性整合、旅游产品沉浸式融合及市场结构战略性优化等路径，可实现文旅产业的深度耦合发展。文旅融合并非简单的资源叠加，而是“1+1>2”的价值创造过程，是文化对旅游的推动和旅游反哺文化的双赢局面。旅游活动作为市场经济行为的重要表现形式，其深层逻辑植根于社会文化系统之中。文化要素构成旅游产品的核心价值内核，而旅游实践则成为文化传播与创新的动态载体。

文旅融合的本质属性源于文化与旅游的共生关系。文化与旅游的依存性表现在三个层面：其一，文化基因决定旅游产品的独特性，地域文化特质可提高目的地辨识度；其二，旅游活动催化文化资源的活态传承，通过市场需求推动传统技艺创新；其三，两者协同产生复合效益，促进社会经济发展与文化遗产保护的良性循环。进一步来说，文旅融合在推动文化认同、提升文化软实力的过程中，不仅有助于推动地方经济发展，还能在更大范围内实现文化自信的树立与中华优秀文化的传播。此外，学界对文旅融合的研究已从多个维度进行深入探讨，如从游客文化需求、产业系统工程以及治理能力现代化等角度，提出对文旅融合的多重解读。

从马克思主义系统论的视角来看，文旅融合是主客体交互的价值共创过程。在此过程中，文化生产与旅游消费形成双向互动：文化产业通过内容植入为旅游产品注入精神内核，旅游业则依托市场渠道实现文化价值的空间扩散。文化与旅游的互动机制在三个层面形成发展合力：其一，外源动力系统包含观念革新、技术创新、制度创新及政府支持；其二，内生驱动系统源自消费升级背景下的消费需求多元化、市场结构演化和消费选择变革；其三，协同创新系统表现为商业模式重构、市场边界拓展及产业生命周期延展。

文旅融合的实践路径呈现多维度协同特征，植根于文化资本转化理论与产业生态重构机制。从产业协同视角审视，文旅融合通过纵向价值链延伸与横向业态网络拓展实现双向赋能。纵向维度以文化基因为核心要素，经由创意解码、沉浸式场景营造、文化 IP 运营等环节构建完整价值链条，如传统手工艺通过体验工坊实现技艺活态传承与消费价值提升。横向维度通过“文旅 +”模式突破产业边界，形成农旅研学、康养度假、教育实践等复合业态集群，推动产业链交叉渗透与资源重组。在此过程中，文化传承者、旅游开发者、在地社群、体验消费者等多元主体，通过角色重构从内容生产，到文化的传播，到游客的体验消费，再到游客的价值反馈，形成一个闭环生态。从治理维度考察，文旅融合需把握三组动态平衡关系。文化本真性存续与旅游开发强度的阈值控制，通过核心保护区、缓冲带、活化实验区的分级管控实现遗产保护与利用的可持续；文化教育功能与休闲体验属性的有机耦合，表现为主题游线设计中历史叙事与场景沉浸的时空叠合；多元主体利益协调机制构建，依托“政策引导→市场调节→社区赋权”的治理框架，激发内生动力。

目前，国内学界对文旅融合的研究，多集中在文化与旅游关系的探讨、文旅融合理论的形成、融合成效的测度与评价以及文旅融合的区域性案例分析等方面。对于如何推动文化与旅游深度融合，确保文旅融合在实践中真正落地并取得实质性成果，依然需要进一步的理论探索与实践验证。

（二）乡村振兴的演进脉络与时代价值

我国是一个农业人口占比高、农业生产总值在国民经济三次产业中占据重要地位的国家。农业与农村的持续发展，是决定我国现代化水平的关键因素。因此，乡村建设始终是我国各历史阶段的重点议题之一。党的十九大提出乡村振兴战略以来，中共中央、国务院在 2018 年发布《乡村振兴战略规划（2018—2022 年）》，将其纳入国家整体发展战略，并从多方面制定了一系列切实可行的实施路径与政策举措。乡村振兴不仅是经济发展的关键驱动力，更承载着文化传承、生态保护与社会稳定的多重任务。其战略目标的实施，不仅能有效缩小城乡差距，推动农村经济的全面发展，而且有助于地域文化的保护与创新。

乡村振兴战略的演进脉络可划分为三个阶段：战略定位阶段，党的十九大正式提出乡村振兴战略；制度构建阶段，《乡村振兴战略规划（2018—2022 年）》全面实施；实践深化阶段，农业农村现代化规划持续推进。乡村振兴战略的时代意义在于破解城乡发展失衡难题，重塑工农城乡关系，推动城乡要素双向流动与功能互补。在产业层面，延伸农业价值链，发展农业、文旅、电商融合发展的新业态，促进资源优化配置；在制度层面，深化土地改革与产权创新，激活农村资源潜力；在文化层面，强化乡村文化传承，通过传统村落保护、非物质文化遗产活化等手段重建文化认同。党的二十大报告明确指出，全面推进乡村振兴战略的关键是坚持农业农村优先发展，巩固脱贫攻坚成果，建设农业强国。报告进一步强调，要通过推动乡村产业、人才、文化、生态和组织的全面振兴，促进乡村各项资源的有效利用与可持续发展。2024 年中央一号文件要求借鉴“千村示范、万村整治”的工程经验，全面提升乡村产业发展水平、建设水平与治理能力，进一步将乡村文化的繁荣与发展纳入乡村治理体系，实现乡村全面振兴。

乡村振兴战略承载着加速农业农村现代化进程、推动农业大国向农业强国跃升的历史重任，其本质是对“三农”发展范式的革新。乡村振兴战略以多维振兴框架为实施路径，通过经济业态升级、文化生态重塑、治理体系重构与环境韧性增强的协同推进，着力破解城乡二元结构痼疾；构建产业兴旺、生态宜居、乡风文明、治理有效、生活富裕的美丽乡村，构建协调、全面、可持续的发展格局。乡村振兴战略的核心目标指向培育乡村内生发展动能。在农业领域，推进科技赋能与产业链延伸；在文化领域，实施非物质文化遗产活态传承与乡土记忆工程；在治理层面，构建数字化服务平台与多元共治机制。乡村振兴战略的系统性变革，不仅推动了农村经济向绿色低碳模式转型，更通过城乡要素双向流动与公共服务均等化重塑城乡关系。作为国家现代化进程的核心之一，乡村振兴战略的本质是对“三农”问题解决方案的创新，既承载着破解城乡二元结构的历史使命，也为中华民族伟大复兴提供物质基础与文化根基，其实施成效直接关联粮食安全底线守护、传统文化基因存续及基层治理现代化等重要方面。

（三）文旅融合助力乡村振兴的模式和路径

文旅融合作为乡村振兴的战略性路径，其学理逻辑植根于文化理论与产业协同发展，核心内涵体现为文化资源向经济价值的系统性转化。从文化维度看，乡村作为中华农耕文明的活态载体，承载着历史记忆、民俗传统与地域认同等多重文化属性。文旅融合通过“在地化”策略激活文化基因，在保护传统文化之余对其进行阐释和创新。一方面，可以依托非物质文化遗产活化、传统村落修复等手段，实现文化本真性存续；另一方面，通过数字化展陈、沉浸式体验等现代技术重构文化叙事，赋予乡土文化以当代传播力。这种文化的再生产过程，不仅强化了乡村文化主体性，更通过情感共鸣与价值认同重塑乡村精神内核，为乡风文明建设提供内生动力。从经济维度看，文旅融合的本质是产业要素的重构与价值链的延伸。其作用机制表现为三层次联动：基础层通过特色小镇、田园综合体等载体实现文化资源的产品化；增值层借助旅游消费市场完成文化价值的资本化；创新层依托“文旅 +”模式推动产业边界的模糊化。这种多维度整合打破了城乡要素单向流动的桎梏，既催生了新型业态，也通过收益反哺机制增强乡村经济韧性。

国家政策导向进一步强化了文旅融合的战略定位。从顶层设计到《“十四五”文化和旅游发展规划》的专项部署，政策体系逐步构建起了“目标协同—制度保障—实践创新”的三维框架。其学理价值在于揭示了文化生态与产业生态的共生关系：文化资源通过旅游载体实现空间扩散与代际传递，旅游产业则依托文化内涵提升产品溢价与消费黏性。这种双向赋能的本质，是对乡村发展范式的根本性重构——从单一经济增长转向文化、生态、经济的协同振兴，从外部输血式帮扶转向内生能力培育。在实践层面，文旅融合通过三重路径释放振兴效能：其一，文化认同的建构强化社区凝聚力，推动治理主体从政府主导向多元共治转型；其二，产业融合催生新型业态，促进生产要素从城乡分割向城乡双向流动转化；其三，价值共创机制重塑利益分配格局，实现发展成果从局部受益向全民共享跃升。这种系统性变革不仅为乡村振兴注入持续动能，更通过文化自信的培育与城乡关系的重构，为中国式现代化提供独特的乡村实践方案。进入 21 世纪，国家加大了基础设施建设的投入，特别是以高速公路、铁路、机场和港口等为代表的设施建设取得了显著进展。农村公路、电网改造等项目的实施，有效地改善了乡村的基础设施，缩小了乡村与现代化发展需求之间的差距，为乡村更好地融入城镇化发展奠定了坚实的基础。美丽乡村建设作为改善农村环境的核心举措，推动了农村生态环境的整治与提升。例如，通过推进垃圾集中收集处理、污水和粪便处理设施的建设，乡村生态环境得到了明显改善。与此同时，绿色乡村、节能减排等工程的实施，为农业与其他产业的融合，特别是乡村休闲、观光、养生和旅游产业的进一步发展创造了有利条件。

1. 文旅融合助力乡村振兴的关键作用

文旅融合作为助力乡村振兴的战略性举措，其价值在于通过文化与旅游的深度结合，为乡村振兴注入强大的内生动力和奠定可持续发展的基础。首先，文旅融合是乡村文化建设的核心驱动力。自党的十九大提出乡村振兴战略以来，乡村文化建设成为各级政府实施乡村振兴的重点任务。2021 年中央一号文件中进一步强调强化乡村精神文明建设的重要性，并提出要深挖乡村本土文化中的优秀元素，传承与发展地方文化，赋予中华农耕文明以新时代内涵。乡村不仅是区域文化的重要载体，也是民族文化多样性的体现。因而，将文旅融合纳入乡村振兴的战略布局，能够有效发挥文化资源的潜力，推动地方文化的创新性转化与现代性发展，推动乡村振兴取得长远的成效。

其次，文旅融合作为驱动乡村经济跃升的战略路径，本质在于通过文化资本与旅游产业的耦合机制，激活乡村发展的内生动力。乡村文化体系承载着历史记忆、地域认同与审美范式。既是农耕文明的活态基因库，也是社群情感联结的精神纽带。随着时代变迁，国家对乡村文化的重视不断加强，提出要构建传统文化继承与弘扬的保护体系，用现代科技手段对传统文化进行保护与创新。政策层面构建“保护—传承—创新”三位一体的文化治理框架，依托非物质文化遗产数据库建设、沉浸式民俗文化展演、活态化传承等科技手段，实现传统文化资源的创造性转化。文旅融合的创造性转化过程产生双重效应：在经济层面，形成“文化赋值—旅游增值—收益反哺”的价值循环；在社会层面，构建文化认同强化机制，通过节庆重构、技艺复兴等实践，既增强农民文化自信，又推动乡风文明建设。

最后，文化振兴在乡村振兴战略中兼具基础支撑与价值引领功能。在乡村振兴战略框架下，文化建设不仅是提升乡村社会文明程度的必要手段，更是推动经济社会全面发展的核心要素。文化的力量能够贯穿乡村振兴的各个领域，促进农业、农村、农民的全面发展。文化基因解码重塑乡村产业生态，以农业、文旅、教育等多产业的融合模式，将稻田景观转化为研学基地、古民居改造为文化客栈。文化治理赋能乡村社会重构，依托现代化村规民约、乡贤理事会等机制，推动治理模式从行政主导转向多元共治。文化认同催化城乡要素流动，吸引资本、技术、人才等要素返乡创业，形成良性循环。文化生态位与旅游生态位实现深度融合，既能守护乡村文化根脉，又能释放经济潜能，为农业农村现代化提供可持续动能。

2. 文旅融合助力乡村振兴的发展模式

在文旅融合导向下，乡村振兴的发展模式需遵循地域差异规律与产业适配原则，基于乡村资源承载力、文化延续力及产业多样性，实施多尺度的空间规划与功能定位。文旅融合助力乡村振兴的核心，在于构建协同评估模型，对村庄文化、自然资源禀赋及社会经济发育阶段进行合理的分区与分类，进而划定文化遗产活化区、生态旅游示范区、产旅融合实验区等差异化功能单元。在资源富集区实施全域旅游开发，在潜力培育区推行“微改造·精提升”策略，在基础薄弱区探索“飞地经济”模式，最终形成协同发展的乡村振兴空间格局。通过分析乡村旅游资源、交通条件、服务设施等基础要素，结合村庄文化底蕴、自然环境、经济水平等差异，可总结出四类典型发展模式。

一是城郊融合振兴模式，适用于毗邻城市的村庄。城镇化进程是乡村振兴的关键出口之一。城郊融合型村庄具备优越的区位条件，受城市经济辐射较强，城乡联系紧密，经济基础相对较好，并具备城市化进程中的接纳能力。城郊融合型村庄应充分发挥其地理和地租成本优势，依托特色资源积极发展现代服务业。在城郊融合振兴模式下，乡村创新文化旅游产品，开发沉浸式农旅项目，推动体验式乡村旅游的发展。同时，利用乡村空间建设田园综合体，提高产业附加值。在顺应城镇化发展的过程中，城郊乡村要有效承接城市经济活动的合理转移，并实现城乡要素的自由流动，推动本地经济与城市经济的互动发展。

二是特色开发振兴模式，适合历史文化名村。历史文化名村、传统村落、少数民族村寨等具有深厚文化底蕴与旅游价值的乡村，适宜采取特色开发振兴模式。此类乡村具备天然的文旅融合潜力，发展过程中应坚持“保护优先”的原则，合理挖掘和利用乡村文化特色，进行保护性开发；加强旅游与乡村其他产业的深度融合，既能提升乡村产业的多功能性，又塑造出独特的文化空间。对于特色乡村的开发，要合理评估其承载能力，避免过度开发带来资源和环境的压力。政府应加大对特色乡村的保护与投入，鼓励多元主体参与其保护与开发，确保文化记忆的保存和特色发展的可持续性。

三是休闲农业振兴模式，适用于农业基础良好的乡村。休闲农业振兴模式的有效实施需具备三大核心要件：农业生产力要素的现代化配置、市场响应机制的灵敏度、文化资本的可持续转化能力。在乡村振兴战略框架下，休闲农业通过三产融合实现价值跃升，将传统种植拓展为农事体验、加工观摩等增值服务，形成田园研学、生态疗愈等特色产品矩阵。在乡村振兴战略框架下，休闲农业成为构建现代农业产业体系的重要组成部分。然而，休闲农业虽能提供就业机会，但过度依赖单一产业会限制乡村经济的全面振兴。单一休闲农业模式存在市场波动敏感、要素依赖固化等风险，必须建立"农旅融合""农创结合"等机制，构建生态化产业网络，最终形成协同提升的可持续发展格局。

四是乡村工业振兴模式，适用于工业基础良好的乡村。产业是乡村振兴的根基。与改革开放初期乡村工业化的粗放模式不同，近年来乡村工业化已逐步形成具有特色的产业集群，如浙江东阳的木雕、桐乡的茅山产业以及永康的五金产业集群等。这些工业基础良好的乡村在进一步发展本地特色产业的基础上，促进产业与旅游的融合，形成以特色产业为核心、工业旅游为特色的综合产业体系。乡村工业振兴模式能够丰富乡村的产业结构，提高产业的抗风险能力，并推动经济增长点的培育。随着部分乡村实现非农化转型，乡村工业振兴模式已成为乡村振兴的成功范本。

3. 文旅融合助力乡村振兴的有效路径

乡村生态环境、区位能级、社会经济结构及文化特质构成文旅融合发展的空间载体与要素根基，而乡村发展的内生诉求则为乡村振兴提供价值导向与实践逻辑。乡村发展的现实需求是文旅融合的前提。文旅融合通过三重机制驱动乡村系统演进：一是要素增值机制激活沉睡资源，二是结构优化机制重构产业网络，三是功能跃迁机制拓展空间效能。通过这三种机制，文旅融合突破了乡村发展桎梏。

同步地，乡村振兴在产业振兴、人才回流、生态治理、文化重构及组织革新等维度的进展，持续催生了文旅融合的新型应用场景与迭代需求。文旅融合与乡村振兴是相辅相成、互促共进的关系，两者之间的关系遵循“需求牵引供给—供给创造需求”的动态平衡原理，为文旅融合与乡村振兴指明了一条螺旋上升路径。循此逻辑，需建立评估体系，通过动态监测与阈值预警，规避文化景观异化、社区参与弱化等风险，确保文旅融合始终锚定乡村人本价值与可持续发展内核。

文旅融合助力乡村振兴的实践，始于对乡村文化基因的系统性解码与价值评估，呈现出从文化挖掘激活到资源价值转换，再到要素生态重构的演进路径。在文化挖掘激活阶段，需从深入挖掘乡村文化入手，梳理文化遗产谱系，通过数字化建档制订文化保护与开发的双轨制方案，确保农耕文明核心要素在旅游场景中的有机整合，继而推进旅游导向型资源改造工程，有效提升乡村资源的市场价值。产品设计强化在地性表达，基础设施建设遵循最小干预原则，服务体系建设突出主客共享理念，带动乡村居民的收入增加，增加就业机会。在最终阶段，要聚焦城乡要素对流系统的重构，通过建立数字平台下沉应用、文旅不动产投资信托基金试点等创新机制，促进乡村资源的旅游化输出。在社会需求与消费升级的背景下，乡村从单一生产要素供给者转型为多元价值输出载体，其生态服务功能、文化传承效能、空间再生产价值通过文旅融合得以显化与增值，最终构建起城乡资源互补的新型协同关系，为乡村振兴注入持久动能。

文旅融合作为乡村振兴的核心引擎，其作用体现为产业生态重构、价值链条延伸与功能空间优化的三重协同效应。在文旅融合的推动下，乡村产业的融合成为乡村振兴最为显著的路径之一。在产业整合层面，农业、文化、旅游三者的融合能够实现生产要素的跨界配置。传统农业依托景观化改造升级为观光农业，手工业经由非物质文化遗产工坊转化为体验经济，农产品加工业借力电商直播拓展营销渠道，从生产加工到售后形成一条龙服务。在产业转型层面，文旅融合催化乡村经济结构从单一农耕主导转向三产融合的复合业态体系，具体表现为农业功能拓展、非农产业崛起以及生产性服务业发展，推动乡村生产总值构成中非农收入占比突破新高。产业培育机制通过创新要素注入与制度供给激活内生动力：一方面，培育沉浸式研学、数字文创、生态康养等新兴业态；另一方面，运营人员解码文化基因，再造出文化场景，使文旅项目收益率得到提升。同时，产业培育转型深度契合了乡村多功能发展理论，推动空间功能从单一生产向协同产业演进，实现了农业生产效率提升、生态服务价值显化、文化传承创新、社区治理优化等目的。在实践层面，文旅融合为生产空间植入智慧农业物联网系统，为生态空间建立承载力监测网络，为生活空间打造文化记忆载体，最终形成“产业兴、生态美、文化活、治理优、百姓富”的乡村振兴新格局，为农业农村现代化提供了可复制的实践范本。

二、乡村文旅融合高质量发展的政策性建议

（一）政府主导的宏观调控体系

文化与旅游产业逐步成为国家战略性支柱产业，文化和旅游部的组建是推动文旅融合的重要战略部署。完善顶层制度设计和宏观调控，统筹规划文旅产业布局，必将成为促进文化与旅游产业深度融合的关键保障。自2018年机构改革以来，地方政府已组建文化和旅游部门，以解决文化与旅游事务中主管部门职能交叉、资源保护与利用缺乏统筹等问题。文化和旅游部门的重组不仅仅是人员的整合，更多的是要建立完善的文旅产业发展统筹协调机制。在地方层面，建议成立专门的文旅融合发展协调工作小组，负责协调和推进文旅融合业务。通过工作小组的形式，确保文化和旅游之间的有机衔接，突破行业边界，明确工作目标，树立共生合作的理念，从而避免合并后职能范围扩大导致权责不清。在具体实施过程中，应着重推动各类资源、平台与项目的融合，以需求为导向，发挥职能融合、资源融合、人才融合的优势，为文旅深度融合提供强有力的组织领导保障。

1. 完善基础设施和智慧服务建设

文旅融合发展的基础支撑，在于构建硬设施与软服务协同升级的复合型基础

设施体系。在交通网络方面，需要推进立体化交通网络建设，重点强化干线铁路、高速公路、航空支线以及景区专线之间的衔接，其核心目标是确保所有4A级及以上景区实现二级公路全覆盖，并将旅游集散中心与交通枢纽之间的接驳时间控制在15分钟以内。景区内部实施“智慧微循环”工程，通过新能源接驳车、无障碍步道与应急救援通道的三重配置，提升游览舒适度与安全性。基础服务设施升级需贯彻全程化、场景化的理念。景区还应当全域布局智慧服务中心，集成增强现实导览、应急医疗、投诉处理等核心功能。同时，景区也可以选择创新构建物码联动智慧导览系统，运用GIS定位与数字孪生技术，实现文旅深度体验。如在古村落设置智能解说桩，通过NFC感应触发多语种文化叙事。卫生设施建设应遵循“标准化+人性化”原则。其中，在人性化层面，景区应当推进第三卫生间与母婴室全覆盖工程，引入智能监测系统实时调控厕位使用率。针对研学游、康养游等新兴业态，还应当配套建设生态化污水处理设施与无障碍服务单元。为了适应新型文旅业态支撑体系，景区需聚焦专业化和特色化方向，规划房车营地网络，配置新能源充电桩与智能储物系统；研学基地建设严格执行《文化旅游研学基地服务规范》，配备数字化教学设备与安全监测平台。最终，通过基础设施的精准供给与智慧服务在场景中的深度融入，景区得以构建起以交通可达性、服务完备性、体验舒适性和文化感知性为核心支撑的文旅融合发展体系。

政府应鼓励研究并开发多元化的智慧旅游终端产品，满足不同类型文化旅游活动的需求。在智慧旅游技术应用层面，重点发展智能导览终端、沉浸式体验设备、互动式文化装置、便携式服务终端四类终端产品。这些智慧旅游终端设备通过多模态交互技术提升文化体验深度，如在遗址公园部署触感反馈系统，还原历史场景触觉记忆等。建设文旅大数据平台，需要构建从数据采集、分析、决策到反馈的完整流程。具体来说，可以运用边缘计算节点和区块链存证技术，来打造文旅数据中台，让它能够实时汇聚游客行为、文化资源以及环境监测等数据，并进行智能分析。该平台应当提供个性化行程规划、识别市场需求、给出资源配置建议等智能功能，更精准地匹配游客需求，同时动态优化资源供给。另外，政府也需要加大对文旅公共服务体系的投入，优化发展环境，进一步推动文旅融合高质量发展。

2. 产业协调政策有效衔接

文旅产业的融合发展受外部环境的多维驱动，体现为政策工具与市场机制的双重耦合效应。产业外部环境的结构性变迁，特别是政策供给体系的优化与消费需求的迭代升级，构成文旅业态深度整合的核心动力。政府宏观调控在此过程中发挥制度性杠杆作用，通过资源配置的导向性调整、市场需求的结构性引导、发展范式的战略性规划等政策工具，系统性破解产业边界壁垒。《“十四五”文化和旅游发展规划》明确将业态创新作为战略支点，提出培育沉浸式体验、非物质文化遗产主题旅游线路等融合范式，并要求地方政府配套制定实施细则。文旅融合演进为文化生产场域与旅游消费场景的生态化重构，既需政策端提供制度性公共产品，也依赖市场端形成自组织创新网络，最终实现社会效益与经济效益的最大化。政府的产业政策通过对文化与旅游产业的宏观调控，能够有效引导市场资源的配置与产业发展方向。首先，产业融合相关政策的实施，可以通过调节产业资源的配置，促使文化与旅游产业的要素逐步跨界流动，实现资源的优化配置。产业融合的过程虽然受到要素配置黏性的影响，调节效应往往具有滞后性，但政策引导的作用不可忽视。通过调整政策，政府能够引导市场需求，进而改变产业发展轨迹，推动文旅产业逐步融合。其次，积极的产业政策干预能够缩短产业融合的时间，促进文化和旅游产业从分立到边界模糊，最终实现深度融合。

创新作为文旅产业深度融合的核心驱动力，在政策激励下呈现双重作用。一方面，创新解构传统产业链范式，触发要素配置的结构性张力，倒逼产业系统自组织调适并形成高阶均衡态。另一方面，创新遵循创新边际成本递减与收益递增的经济规律，激活市场主体跨域协作动能，促进文化创意、旅游载体与消费市场形成价值共创网络。文化与旅游产业的互补性，为融合提供了天然接口，其具体表现为文化资本向旅游的转化以及技术知识的产业增多。产业内部的资源重组，不仅能够提高效率，还能促进产业链条的延伸，推动产业结构的调整与优化。通过淘汰低效产能的同质化观光项目、激活沉睡资源、重组生产要素，可实现资源的优化配置。文化与旅游产业通过耦合形成价值网络，催生沉浸式演艺、智慧博物馆等融合业态，促使产业边界从清晰界定转向模糊渗透。在此过程中，消费需求从观光式消费向体验式消费转型，倒逼供给端实施精准化创新，实现文化资源与旅游场景的精准适配，最终提升整体产业的竞争力与市场响应能力。

文旅产业融合呈现显著的不均衡发展格局，其区域差异本质是经济基础、资源基础与制度环境的优劣。东部沿海地区及北上广发达地区市场化程度高、消费能级强、技术创新活跃，已形成相对成熟的文旅融合产业；但受边际效益递减规律制约，其融合速度趋缓。发达地区区域的政策着力点，须转向竞争协同机制的建立。这类地区可以通过建立文旅要素交易市场、实施负面清单管理制度、培育文旅总部经济，激发产业内生创新活力；同时，强化跨域联动，依托长三角、粤港澳等城市群构建文旅创新走廊，推动设计研发（上海）、数字转化（杭州）、品牌运营（广州）的产业链分工协同。中西部地区虽然整体融合指数较低，但是受益于国家战略倾斜与后发优势释放，呈现加速追赶态势。中西部区域需构建文化基因解码体系，对秦巴山区农耕文化、丝绸之路非物质文化遗产等特色资源进行品牌 IP 塑造、创新文旅项目招商等模式，将文物保护、生态治理与旅游开发捆绑。同时，完善智慧交通基建网络，重点提升 3A 级以上景区二级公路连通率、4G/5G 覆盖率，通过推动高水平的文旅产业发展，促进文旅产业的进一步融合。

3. 文旅人才梯次培养

从历史和现实两个层面审视文化与旅游的关系，人才问题始终是推动文旅融合发展的关键因素。在文旅融合进程中，文化人才与旅游人才的梯次培养至关重要，其既是文旅融合发展的基础支撑，又是促进产业创新与深化的重要能动因素。在乡村振兴战略中，人才是其核心要素，人才的引进、培育与留存直接影响着乡村振兴的效果与可持续性。吸引乡村人才回流以及培养本土人才，已成为乡村振兴的双重路径。然而，受历史性管理体制和行业壁垒的影响，过去的文旅人力资源开发往往呈现单向思维模式，缺乏双向介入和互为促进的人才效应，导致这一领域的人才培养在某些方面滞后于其他行业的创新与发展。这一现实问题在当前文旅融合进程中尤为突出，尤其随着文旅融合的广度、深度和分众化程度的不断加深，文旅人才的培养模式与市场需求之间的脱节问题愈加显著，亟须进行深刻调整与改革。文旅产业的人才梯次培养，不仅需要根据行业的不同发展阶段制定相应的人才培养目标，还需要在实际操作中注重理论与实践的结合。无论是政府管理、产业经营还是创意设计，人才的培养都应从基础教育、职业培训、继续教育等多个层次进行系统布局，确保各类人才的多样性和层次性，以适应日益复杂的市场需求。同时，应加大对地方特色文化和乡土人才的培养力度，通过“人育产业”和“产业引人”的良性循环，促进文旅深度融合与可持续发展。

目前，国家层面已通过顶层设计，为人才回流建立了行政机制与流动渠道，越来越多的人才在乡土社会文化的驱动下主动返乡。尽管学界已经充分讨论了返乡精英对于乡村社会发展的影响，但如何确保这些人才能够在乡村稳定扎根、长远发展，仍然是亟须解决的问题。实践表明，乡村产业发展与人才回流之间存在互生共融的关系：能人带动产业，产业发展又吸引更多乡村人才的回归。这一良性循环的理想状态中，“人育产业”与“产业引人”形成相互促进、逐步升级的结构。在渌田镇的案例中，返乡创业的乡村能人在培育农村经济主体、推动乡村产业发展方面起到了关键作用；同时，农村产业的发展也吸引了多种类型的人才回归乡村，包括生产型人才、经营型人才、技能型人才、服务型人才等，他们从多维度重塑了乡村的政治、经济与文化生态。行业人才的培养应紧扣行业发展核心需求，特别是文化与旅游产业具有天然的耦合性，其深度融合必然推动社会价值、经济价值和精神价值的提升。从价值论的角度来看，文旅深度融合不仅是行业发展的必然趋势，也是文化自信和产业价值创新的重要体现。

随着新时代人民对美好生活的需求不断增加，文旅服务作为公共服务的重要组成部分，其公共价值愈加凸显。在此背景下，培养既懂得公共管理又熟悉文化与旅游独特规律的人才，成为推动文旅产业高质量发展的基础性工程。根据新公共服务理论，公共价值创新主要包括三方面内容：创造公共价值、拓展公众参与以及建立开放的公共服务获取与递送机制。我国文化和旅游的政府及公共管理部门需要积极响应人民的文化需求，推动公共服务的创新与优化。因此，培养具备较高文化素养和公共管理能力的创新型人才，是提升文化和旅游产业公共价值的关键。文化与旅游产业的经营管理人才应具备将文化资源转化为经济价值的能力。以故宫文化和周庄古镇为例，其通过文创产品的开发与文化资源的创新性利用，成功打造了新的旅游模式，推动了产业的价值增长。因此，培养具备深厚的行业理解、创新能力和管理智慧的经营管理人才，是文化和旅游产业持续创新与发展的重要保障。党的十八大报告中明确提出，坚定文化自信是实现民族复兴的重要基石。文化自信不仅是国家精神的支柱，更是推动文化创新和文化传播的动力源泉。为了实现文化和旅游产业的文化价值创新，必须培养大量具备创新思维、创意能力和设计才能的高素质人才。创意设计人才在文旅产品的策划、研发、创意转化等方面起到至关重要的作用。通过创意和创新，能够将中华文化的精髓与现代旅游产业深度结合，推动文化和旅游产业的双重升级。培养一支高水平的创意与设计人才队伍，将为文化自信的实现和国家软实力的提升提供强有力的支撑。

（二）市场主导的微观运行机制

1. 构建标准化建设与动态监管机制

文旅融合不仅是文化建设的体现，更是带动区域经济社会全面发展的重要路径。必须构建标准化建设与动态监管机制，确保文旅融合的可持续性与高效性。在标准化建设维度，应建立包含基础通用标准、技术应用标准、服务管理标准的三级标准体系，强化文化真实性认证、生态承载力阈值等关键指标。在项目建设层面，推行全生命周期管理模式：前期建立文化影响评估机制，中期实施动态效益评价体系，后期打通资产证券化退出通道。针对不同主体，应当实施差异化支持：头部企业重点推进文化与科技融合，享受研发费用加计扣除政策；中小企业创新非物质文化遗产工坊与创客空间孵化模式，获得定向信贷担保支持；跨界主体通过文旅产业联盟形成协同创新网络，建立人才共享机制与技术转化平台。同时，可以规划、论证并储备一批有影响力的文旅标志性项目，强化招商引资引导，优化营商环境，促进各类资源要素合理流动与高效配置。通过提高项目落地率和开工率，加快资源整合与产业融合步伐，进一步提升文旅融合项目的综合效益。动态监管机制需实施“双随机、一公开”的抽查制度，构建“天—空—地”立体监测网络。卫星遥感监测生态敏感区开发强度、无人机巡检文化遗产保护状况、物联网终端采集景区实时运营数据，并通过区块链技术实现监管数据不可篡改存证。应依托灵活的动态监管体系，及时反馈市场变化与企业运营状况，确保文旅产业能够适应快速变化的市场需求。通过完善主体评估与监管机制，确保企业经营行为符合规范，推动企业高质量发展，打造具有区域特色的文化旅游品牌。同时，要确保品牌建设与市场需求的精准对接，定期评估与反馈调整品牌策略，实现品牌效益的最大化。

2. 创新文化资源转化

目前，凭借经济效益的优势，乡村文化产业成为许多地方的建设重点。然而，尽管乡村文化产业在当前取得了一定进展，但其同质化与碎片化问题严重制约其可持续发展。首先，乡村文化产业的发展存在同质化趋势。部分地方追求短期政绩，忽视本土资源调研，机械照搬成功案例，导致文化项目雷同。此类做法往往忽视发掘和传承本土优秀传统文化，偏离产业发展特色化的正确路径，缺乏创新和深度。在发展模式上，乡村文化产业发展过度聚焦旅游、民宿、餐饮等固定主题，区域文化特色持续弱化，市场竞争力呈现下滑态势。其次，乡村文化产业布局呈现碎片化特征，个体生产模式导致融资能力薄弱，难以形成规模效应。文化产业的建设不是单一项目的建设，更应整体布局构建产业生态网络，形成系统性和联动性的发展格局。当前 78% 的乡村文化项目未能形成产业联动，63% 的县域存在文化资源闲置现象。因此，要建立文化资源转化认证制度，深度挖掘本土文化基因，构建科学评价体系，推动资源合理配置。创新的文化资源转化认证制度需构建三级认证体系，为乡村文化产业的可持续发展提供强有力的制度保障。具体来说，要在基础层建立文化基因图谱，在应用层设计价值评估模型，在转化层搭建资源交易平台；通过标准化认证流程，实现文化资源向生产要素的精准转化，确保每项特色资源匹配对应开发路径。

乡村文化振兴作为乡村振兴战略的核心构成部分，其本质是通过文化治理现代化重构乡村价值体系，实现传统文明基因与现代治理需求的有机耦合。扎实推进文化建设，是实现乡村全面振兴的必然要求与重要任务。乡村文化振兴系统工程需构建价值引领、主体协同、空间重构、产业赋能的驱动框架，形成文化内生发展动力，夯实乡村振兴的文化根基。文化建设需紧扣农民需求，落实供需结构优化，挖掘传统农耕文化思想内涵，强化社会主义核心价值观引领，培育兼具传统底蕴与时代特征的文化形态。在内容供给维度，要实现本土与时代的有机结合。一方面，应深挖农耕文化中二十四节气生态智慧、乡村伦理家国情怀等精神符号，建立非物质文化遗产基因库；另一方面，也要注入现代性价值元素，将社会主义核心价值观具象化为村规民约，形成传统礼治与现代法治并存的治理文化复合体。在形式供给层面，结合现代信息技术的发展，开发短视频、虚拟现实等数字载体，形成“云—端—场”的传播途径。“云”端搭建县域文化资源共享平台，“端”口开发文化驿站等微信小程序，“场”域改造文化礼堂为多功能创客空间，提升农民的互动感与沉浸感，增强文化活动的趣味性和参与性。

乡村文化建设是一项系统工程，涉及领域广泛，参与主体众多。为此，需要激发各方主体的内生动力，形成文化建设的强大合力。政府角色转型为制度供给者与资源协调者，搭建多元参与平台吸纳社会资本。重点培育农民文化合作社，强化其市场运营与内容创新能力。市场主体重点培育文化合作社与社会企业，弥补政府主导的文化建设方式的不足。社会力量选派文化专员驻村，实施人才工程，建立“新乡贤”回流激励机制。农民是乡村文化建设的主体，要充分调动其参与文化建设的积极性和创造性，激活主体意识。乡村文化产业是推动乡村文化建设的核心力量。在推动乡村文化产业发展时，应延伸和拓展产业链，推动“文化+”模式的发展，培育地理标志农产品、沉浸式农旅等业态。农业领域实施地理标志产品文化赋值工程，旅游领域开发沉浸式农旅项目，教育领域构建研学旅行课程体系，重点打造非物质文化遗产生产性保护基地、乡村影视创作基地和数字文化创意园区，开发“乡村记忆”数字档案等互动产品，形成文化要素集聚效应，为乡村振兴注入源源不断的动力。

3. 搭建产业数字化协同合作平台

数字技术重构文旅产业展示模式，增强沉浸式体验效果。数字经济的兴起加速了文旅产业供应链、价值链、生态链的重塑，推动文旅产业的转型升级。在全球背景下，数字文化产业成为增长新动能，具有无接触、高灵活度的特点。为了应对未来文旅产业的数字化转型，必须加快数字基础设施的建设，全面推进文旅产业内容的数字化、传播的数字化及体验的数字化。2018 年国务院发布《关于促进全域旅游发展的指导意见》，明确要求融合文化、旅游与科技，依托大数据技术推进全域旅游创新。依托 5G、人工智能、物联网、虚拟现实等技术提升文旅产品供给质量与效率，驱动产业升级。因此，当前亟须搭建产业数字化协同合作平台，推动文旅深度融合。

文旅产业与互联网的高质量融合，本质上是数字技术驱动下的产业生态系统重构。在技术应用层面，需加速推进 5G、人工智能与区块链技术的场景化落地，重点发展智慧景区中枢系统、文化旅游数字孪生平台、跨域数据共享中台等基础设施。通过部署边缘计算节点与智能合约系统，使游客服务响应时效提升至秒级，提高资源调度效率。借助技术改造的“一日游”模式，引导游客从观光转向深度体验，实现文旅产业的质变。在业态创新维度，实施线上线下双轮驱动战略，线上构建元宇宙文旅空间，如敦煌莫高窟虚拟漫游项目等，开发增强现实导览、智能推荐算法等数字产品；线下推进沉浸式旅游项目，通过物联网感知设备与情感计算技术，实现服务供给的精准适配。沉浸式旅游将传统观光线路升级为剧本杀式体验场景，如西安大唐不夜城《长安十二时辰》主题街区。业态创新的转型突破了传统文化服务的物理空间限制，为城乡提供了高质量、高标准的文旅产品和服务。

数字鸿沟始终是城乡融合发展的主要障碍。为此，必须统筹智慧城市与数字乡村的建设，打破城乡之间的信息壁垒，促进城乡信息共享与要素流转。数字化文旅服务平台不仅有助于提升城乡公共文化服务效能，还能丰富城乡居民的精神文化生活，促进城乡之间的文旅资源共享。城乡协同发展需建立“数字桥梁”机制，一方面构建城市和乡村的联动系统，通过文旅数据中台实现客源互送与线路共联；另一方面，实施“数字乡建”工程，重点建设文化遗产数字档案馆、农产品溯源电商平台和远程文化教育系统。通过制订数字文旅发展指南与“文旅创客”培育计划，推动城乡要素双向流动，使乡村旅游年均收入增速得到提升。在基础设施维度，实施网络覆盖工程，部署城乡文旅数据中台，建立区块链赋能的要素交易市场。在技术赋能层面，重点推进数字技术在文旅场景的深度应用，构建城乡文化遗产数字镜像系统，开发跨域增强现实导览平台，通过机器学习算法优化资源配置效率，使城乡文旅要素周转率提升。

三、对乡村文旅产业从业者的指导建议

（一）从“资源利用”到“价值共创”

文旅融合的开发模式要超越“资源供应”这种单向逻辑，朝着多方利益主体一起参与的“价值共创”方向转变。以前的乡村文旅开发着重于单向获取并消费自然风光、历史遗迹、民俗文化等要素，缺少特色和区别度，很难留住长久客源。这一类乡村文旅的问题在于，文旅融合的层次较浅，“文化”和“旅游”的联系处于一种貌合神离的状态,不少文旅项目仍然没有冲破“文化作装饰,旅游当主演”的开发套路；在实际操作过程中会丢失文化应有的深度，出现融合形式类似、产业链条短、产品附加值低等问题。比如，有些地方即便设立了乡村文化产业园区或者开发了乡村文化型景区，但是园内企业之间并无深入协作，内容开发和市场转化相互脱离，不能产生有效的文化流传循环，而且未创建起系统的品牌输出体系。部分景区仍然是以自然景观为主，文化要素严重缺少，“以文促旅”的引擎作用并未真实被激发起来。同时，文旅融合的宽度不够，内容系统较为单调。有

些地方在推动红色文化、历史文化开发的时候，过度依靠单一的文化元素，轻视了本地民俗非物质文化遗产、农耕饮食等生活性文化资源的综合利用，出现开发内容不均衡、文化表述单调的问题。部分文旅融合产业对文化的开发大多只是停留在资源层面上，并没有深入去转化成旅游产品的设计途径。因此，很多文化资产处于沉睡状态，没有得到充分利用，甚至在信息化平台上也无法得到表现，这就限制了它们的市场流转。有些地方耗巨资塑造的演艺、展览类项目，即便形式很丰富，但是由于缺乏文化底蕴、独特设计以及消费者的情感联系，很难达成“既叫好又叫座”的双重效果。深度文旅融合项目往往存在投入成本较高、回报期限较长、风险不确定等问题，传统融资逻辑很难维持其长久经营。例如，一些文化遗产地由于开发保护花费过多而长时间无人问津，一旦开始运作又极易步入“先开发，后充实”的错误道路，从而陷入一种低效率的循环当中，品牌曝光度较低且较为雷同，使得整个文旅行业综合竞争实力不强，很难塑造起具备全国范围影响力的融合范例。有些所谓的“文旅融合示范区”在推进时只是把文化和旅游功能在空间上做了简单拼凑，在实际经营过程中没有做到全盘筹划、整合资源以及共同创建，并未搭建起平台化扶持和协同管理体系。

乡村文旅从业者既是资源使用者，也是价值激活者，要同村民、企业、政府以及游客一起，通过共商、共建、共享来营造文旅项目，促使文化资源变为多方获益的价值网络。乡村文旅融合从资源利用迈向价值共创时，务必冲破“开发就是融合”这种传统观念，塑造起文化、产业、人才、资本、机制相互配合，共同促进的系统结构，助力文旅融合朝着价值链高端方向发展。要达成这个目标，必须从制度规划开始，依靠平台创建补足人才环节，重新形成文化表述，促使融合由理念走向行动，完成系统性重构。

（二）从“产品开发”到“体验迭代”

单纯的产品输出难以满足新时代游客对于深度、个性及文化内涵的需求，文旅从业者必须跳脱景点产品售卖的思维，转为景点内容体验的模式，持续开展内容更新与体验升级。文旅从业者可以针对乡村节庆、田园劳作、非物质文化遗产工坊等展开沉浸式、互动式的设计，塑造起同游客情感联系的持续体验，产品开发要服务于生活方式表达和文化记忆重现，促使“旅游者”向“参与者”转变。

从游客对于乡村文旅融合质量的感知路径看，乡村文旅体验重点在于文化价值是否具有可识别性、可参与性以及可转化性。游客感知质量得到提高，依靠乡村文化元素被系统地植入旅游场景当中。这种植入，一方面表现在景观打造、饮食住宿等显著体验方面，另一方面更深层次地表现在道路系统、导视体系、民居风貌以及微景观设计等微观要素所蕴含的文化内涵之上。文化活动需要经过体验化转译，把抽象的文化符号变成具体的参与途径，使游客在行为互动过程中形成对乡村文化的具身认知。文创产品处于乡村文旅核心价值链的重要一环，它的设计要成为物理形态和文化意义的双重承载者，其也是文化再生产和品牌价值拓展的关键支撑点。从影响游客文旅融合质量感知的变量看，要重视游客预期和基础配套双重推动下的综合感知机制。游客对于乡村文旅的期待值会形成其体验的基准线，预期同现实之间的差距会直接左右满意度以及重游的想法。诸如“交通是否便捷？”“安全环境如何？”“通信网络能否全覆盖？”“信息获取方不方便？”等基础设施建设情况，既关联着旅游的可进入性及其服务水准，又影响着文化资源在旅游场景里流动与转换的效率。所以，从业者应当留意基础设施中的人性化设置及文化体现，使之变为游客文化认可塑造和情感联系产生的重要依托。

每座乡村都蕴含独有的文化编码，其旅游吸引力源于文化基因的可识别度与审美特性。文旅从业者要依托空间载体，从村落历史文脉当中提炼出关键的文化意象，并凭借视觉符号、空间讲述以及生活方式转译来营造富有情境感和仪式感的文化消费场景，准确把握消费群体对于文化内涵、生活态度以及价值主张的深层需求。这是塑造具备差别化、沉浸感的体验产品的先决条件。用生活美学引领场景塑造，可以提高文化表达的可视化水平，增进游客体验过程中的情感共振和价值认可。文旅融合的文化活动设计不能局限于传统农耕叙述的单一逻辑，而应当朝着多元文化表达的方向拓展。既要守住地域文化的根性，也要拓宽文化包容度，给亚文化、新青年文化以及跨界文化赋予表达舞台，唤起游客文化主体性的再创造活力。可以凭借背包节、青年戏剧节、独立音乐会之类的形式，促使多元客群加入乡村文化的“共创—共生—共融”进程当中，让乡村空间变成文化交融和创意激发的多元场所。乡村文化若想做到可持续传承，就要形成新村民与原居民共同参与的社区组织体系，使新村民具有的审美视野、创意方法及经营理念，同原居民的生活经验和文化记忆相互融合，这属于文化活态传承与更新的关键机制。搭建多种主体参与的商谈平台，推动村民深入参与文旅项目设计、活动运作以及文化流传，既能提升文化表达的真实感，又能达成旅游空间的社会性重构，从而让游客在文化共创时完成角色转换并产生身份认同感。文旅融合不可仅仅着眼于旅游产业单个维度，而是要塑造起以文创为核心纽带的多业态集群体系，凭借乡村在地资源与文化创意的契合之处，促使文旅产业同农业、康养、教育、研学等行业相互交叉渗透，营造出乡村文旅养、教相融合的产业生态圈，通过服务链拓展、体验链加深以及价值链整合，给予沉浸感十足、富有差别化、具有主题性的文旅新体验，创建起“消费—记忆—再访”循环模式，助力乡村文旅朝着复合型产业集群方向发展。

在从“产品开发”到“体验迭代”转变的大趋势当中，乡村文旅从业者要跳出内容堆砌和形式模仿的怪圈，重新回到以用户体验为核心的价值再造逻辑上。通过系统地塑造文化场景，更新文化活动，带动村民主体，联合多种产业，做到文化价值和产业价值的双重迭代，从而构建起新时代背景下乡村文旅融合高质量发展的新途径。

（三）从“单点经营”到“系统循环”

过去以个体农家乐、单一景区主导的“点式”发展模式无法满足长远需求，文旅从业者要形成系统思维，促使“吃、住、行、游、购、娱、学、研”各环节相互融合，塑造起乡村文旅的系统循环。在此基础上，利用数字平台和智慧经营系统达成流量相通、资源共用、品牌共创，慢慢营造出乡村产业的生态圈，还要重视生态守护、社区融入和社会效应，保证闭合系统具有内生可持续性。在经济高质量发展、科技快速发展、政策导向加强、消费者需求持续提升、产业关联度日益密切等因素共同作用下，乡村旅游步入由“单点经营”迈向“系统生态”的变革时期，促使乡村文旅产业经营者由传统粗放型开发朝着“多元协同，链条整合，价值共创”的系统循环式运作方式转变，成为新时代文旅融合发展进程中的重要课题。

资源融合是乡村旅游系统循环创建的根基所在，价值共创路径重视把多产业资源互嵌当作关键，把农业、文化、工业、康养、体育等同乡村旅游相契合的各类资源加以有机融合，加强资源价值的协同效应。其一，让其他产业的资源依照乡村旅游的发展逻辑实施旅游化改造，凭借乡村特色农业来开发农事体验类产品，或者利用本地非物质文化遗产注入乡村旅游场景之中，塑造起独有的文化符号与市场热点。其二，促使乡村旅游资源满足其他产业的发展需求，如把旅游创意同乡村工业、乡村教育、康养服务等相互结合起来，做到产业之间的共生共荣。这种双向的资源融合方式能够提升产品供应能力以及体验的丰富程度，进而推动供需结构得以改善。例如，重庆涪陵依靠地域文化和水文地貌资源，深入发掘民俗艺术以及历史内涵，通过资源复合开发塑造了带有地域识别度且具备较高黏性消费潜能的旅游新形式。界域融合期望冲破产业界限和空间界限的常规割裂状况，达成跨领域、全方位的系统关联。就产业界域而言，要促使乡村旅游同一二产业紧密结合，巩固乡村文旅、工业文旅等多样化发展模式；凭借推动乡村产业品牌化、旅游场景共同设计等催生出文创农品、乡村赛事、产业直播等融合产物。在空间界域上，需关注城乡统筹并做到景村融合，通过旅游设施共建、服务资源共享等途径，达成城乡公共服务均等化，让旅游空间彼此交融而无间隙。界域融合还推进了资源调配效率的改良，促使产业功能相互耦合并让乡村空间得到系统性重建，从而使“乡村就是景区，产业也是产品”变成一种可持续的发展途径。技术融合属于达成运作效率提高以及游客体验升级的有效手段，还是形成乡村旅游智慧化、沉浸化发展的重要依托。当下的技术融合表现出“数字激发 + 内容加强”的特点，重视把数字基础设施、数据智能同沉浸式场景营造深入结合起来。在内容方面，利用虚拟现实、增强现实、3D灯光、裸眼成像等数字技术来重新创作传统演艺、民俗体验、非物质文化遗产展示，进而重新塑造起集看、玩、学、购于一体的多感官体验场所。例如，山西晋城的“千年铁魂”打铁花项目依靠高科技演绎设备营造出令人惊叹的视觉盛宴，大幅优化了游客黏性和流传力。在运作方面，要推进文旅数字平台创建，整合大数据分析和游客画像技术，提高精准营销及资源安排效能，为产品、渠道、用户的三端互动给予技术支持，促使全链条系统更新。

从“单点经营”迈向“系统循环”，既是乡村旅游可持续发展的方向所在，也是乡村文旅从业者在新时代做到产业升级、品牌超越和区域兴盛的战略途径。通过对资源、界域、技术、业务、市场这五个层面加以剖析，可以给出产业融合的系统路径，并给乡村文旅企业赋予具有操作性、可模仿以及能落地的转型架构，能够展望日后的发展情形。乡村旅游需要持续加强多元协同，促进要素联动，形成涵盖资源整合、产品创设、平台共建、内容激活与市场转化的闭环系统，切实实现从资源禀赋到价值创造的全方位发展。

四、研究展望

（一）跨学科理论体系的深度构建

作为一项复杂的社会实践，乡村文旅融合深度整合经济学、文化学、生态学以及传播学等多个领域的理论与方法，要求实现跨学科的协同创新与发展。面向未来的研究工作，应以理论整合为核心，旨在开发更为系统化的解释框架与分析手段，构建融合“文化—生态—产业”维度的三维耦合机制综合理论体系，以此为实践层面的操作提供坚实的理论指导。

高等教育转型期间，高校要塑造契合行业需求的高层次应用型人才，必须具备跨界思维、操作能力以及更新意识。这属于高校的战略性任务，也是其基本职责所在。党的二十大报告指出，统筹职业教育、高等教育、继续教育协同创新，推进职普融通、产教融合、科教融汇，优化职业教育类型定位。地方高校是地区发展和产业变革的重要依靠力量，在人才供给侧结构性改革进程中起到重要作用，是连接教育和经济的一座桥梁。地方高校受到“产教融合、科教融汇”的推动，既要提升面向产业的教育服务能力，还要通过制度革新，形成跨学科的理论支持和多元协同育人机制，从而达成从单一学科到知识交叉模式的转变。“产学研赛创五位一体”的人才培育形式，给高校在“产教融合、科教融汇”进程中存在的问题带来新思路和新办法。“产”属于行业生态的输入端口，也是应用型人才发挥自身价值的主要走向。“学”位于高校的中心地位，从课程设置、教学过程以及学习环境等诸多方面执行全方位变革，从而符合跨学科知识整合的要求。“研”既是技术更新换代的承载者，又肩负着引领学生接触最前端领域并养成批判意识的重任。“赛”充当起理论与操作之间连通的桥梁，有益于提高学生应对实际难题以及展开团队协作的水平。“创”是考量学生综合素养的重要一步，可促使知识得以内化并让价值有所彰显。在实践推进过程中，高校需以课程融合为抓手、以平台搭建为依托、以合作机制为纽带、以多元激励为导向、以师资转型为关键，构建以“跨学科课程集群—多元项目平台—开放协同机制”为核心支撑的融合型培养体系。“产学研赛创五位一体”并非仅仅着眼于解决当下教育改革所遇难题的操作方案，更是创建面向未来的跨学科融合型教育理论体系的关键抓手，其通过对多种不同类型资源实施系统性整合，打破传统界限来关联各类知识体系，并精确对接产业实际需求，促进产业高质量发展。

从研究角度看，未来要进一步探究相关理论塑造和机制更新。例如，文旅融合的知识进化途径，需要剖析各个相关学科的知识在旅游、乡村振兴之类的应用环境中的转移形式以及融合模式，形成具备理论通用性和实际适应性的课程安排及能力架构。同时，需注重高校、企业与区域协作的知识共同创造机制，加强融合知识共同创造、技术转换与人才共同培育三个环节的研究，推动高校在助力区域发展中实现理论价值与操作效能的同步优化。要用项目式教学和赛创来推进执行链重塑，考察怎样围绕真实项目创建教学场景，创建评判系统以及学生参与机制，从而打通人才塑造的“最后一公里”。文旅融合与乡村振兴还要构建文化推进与革新精神的机制保障体系，探究怎样在制度规划上形成一种能够不断推动革新创造的文化机制及其运作体系，巩固育人功能的完整性和持久性。

（二）文化传承与全球化视野

乡村文化记忆属于地方性知识的关键形成单元，它包含浓厚的文化规范，而且蕴含很强的社会认同感，给个体带来精神抚慰。乡村文化生活空间既满足生活所需，还是文化力量流传和故事讲述的场地，蕴含着丰富的文化意蕴和历史脉络。旅游者在文化互动的过程中体验文化的意义场域，主动参与文化的感知、编码、传播与解码，从而推动农耕文明的现代性表述及其文化认同的重构进程。在此过程中，文化不再作为封闭的地方传统而被固守，而是借助与外界的互动交流、对话与融合，达成自身传承的更新与重生。乡村文旅融合不但推动了地方文化遗产整体显现，而且通过创建一种兼顾产业价值和文化价值的双循环协同发展体系，做到了文化再生和产业不断发展之间的动态协调，既加深对本土文化的领悟和延续，又有效地激发了当地的经济活力，给乡村振兴战略赋予了更新的方法。促使这个进程向前推进的主要力量来自营造一种全方位参与、开放、包容、共享价值创造的文化生态系统，这个系统不但要让已经存在的文化资源活跃起来，达成“活化利用”，还要不断产生新的文化意义，从而做到文化价值的动态发展和永远存续。

乡村振兴战略背后的文化逻辑应该建立在对民族文化根基有着深刻认识的基础上，要通过系统的文化重构来达成传统与现代的有效结合。农耕文明既是乡村文化最初的源头，也是中华文明精神内涵的归宿，包含着深沉的历史与文化意义。由于当下城市化进程不断向前推进，乡村不能单纯地被认作城市的依附者，反而更像是一片充满文化韧劲和生态智慧的重点地带，会成为形成现代社会多种文化景象无法缺少的“第二文化空间”。乡村文化振兴重视乡村在守护地方文化丰富性、推动可持续发展以及更新文化表述形式等方面独有的价值和潜能。推动乡村文旅融合，既需完成从资源导向型到价值导向型的战略转换，也要关注文化自信和文化创造力共同发展，利用文化做纽带创建起城乡之间的关联，凭借产业平台承担文化更新任务，以此做到深层次的文化价值转换与加强。在路径规划上，要做到多维层面的战略契合与功能补充。文化旅游不再仅仅扮演文化承载者的单一角色，还是文化意义的再塑造者、城乡融合的“推进剂”。其在社会架构转变当中有着多重作用和重要影响力，通过文化同产业紧密结合使传统文化能够冲破空间束缚走向现代阐释形式，让乡村文化本地化得到加强。在这一进程中会收获多种价值共同提升的成果，在未来发展道路上，城市、乡村和小城镇彼此之间的协同关系以及双向流动模式，将会成为新型城市化进程里不可轻视的关键走向。在此框架下，乡村文旅融合既要回答“本土文化怎样传承下去”这个重要问题，也要积极投入“地方文化怎样走向世界”的操作考察之中，通过跨文化互动以及多元文化交流，来实现文化传承与更新两个目标；应加强对乡村本土文化的系统梳理与现代转化研究，探索传统文化与国际游客文化心理之间的对接方式，推动“在地文化”以现代传播方式走向世界，在保护中实现再创造、再传播。

（三）老龄化与智慧化适配研究

随着人口老龄化加剧与数字技术加速发展，推动文旅康养产业实现智慧化转型，已成为应对“银发经济”挑战、促进高质量发展的战略重点。未来的文旅融合研究中，对“老龄社会”和“智慧乡村”的研究成为值得关注的焦点话题，此类研究需重点探寻怎样依靠智能化基础设施和无障碍环境，塑造适合老年人的服务措施；让智慧旅游概念切实融入乡村社会生活当中去，大幅提升老年群体投身数字化活动的自主性和热情度。同时，应探索智慧技术在养老旅居、健康管理等领域的文旅融合路径。在养老旅居产品中形成数字赋能与人文关怀的动态平衡，既保障老年人的文化参与权，又维系乡村文化的代际传递功能，最终实现技术普惠与文化存续的双重价值。

未来研究需着重探寻老龄群体同智能化服务体系之间的精准适配机制，力求形成以人为核心、以技术作引导的智慧养老服务框架。要对文旅康养范畴中的“适老智慧化设计”概念展开更为细致的探究，“适老智慧化设计”的重点在于产品研发、服务给予以及环境塑造三个层面，创建一套系统的适老化智慧应用准则，目的在于给老年人赋予更为方便、安全且舒适的生活及休闲感受。在具体服务环节中，要把智能导航、智能健康监测、智慧语音交流等诸多技术融合起来，塑造出从信息获取直到健康干涉的支撑体系；而对于空间环境的规划来讲，则需要深入剖析老年人的行动特点与认知能力，设计适合他们的智能导览系统、交通接驳办法以及应急反应机制等方面的内容，从而为老年人群体营造出具有高可达性、高安全性的智慧化出游环境。要重点加强关于“数据促使的精准康养服务”方面的研究，更好地改良服务并更新操作，创建起面向老年群体的健康数据经营平台；系统地收集并分析他们的健康指数、出行规律、文化喜好等各类行为特点，再去执行文旅康养服务的精准推送，全方位改善服务的合适度和用户满意度。根据老年游客的旅居数据，可以凭借智能化方式准确地给他们推荐专属的旅游路线、文化复原课程以及文化体会活动等，这样既能改进服务的针对性，又能增进用户的忠诚度，达成服务品质和用户感受的双重优化。

未来研究还可以着眼于数字素养的塑造、操作流程的精简、人机交互的亲和等重要方面，通过创建更为包容且适合老年人的智慧康养技术系统，有效地化解老年人对于智能化服务的排斥心理以及可能产生的依赖风险，进一步全方位地改善服务体验的品质并提高用户的满意度。研究人员要从制度角度深入探究智慧康养标准与伦理规范的形成原理，保证其具备科学性和可行性。由于智慧康养在隐私保护、数据安全、责任界定等诸多方面仍然存有制度空白，因此制定出有关智慧康养技术的应用准则、数据管理架构以及监督体制非常重要，可由此来保证数字技术在面向老年人展开服务时的正当性、规范性和安全性。同时，务必重视对不同区域的智慧康养实行模式进行对比，如此才能够深刻体现不同模式之间存在的差别，从而探索出更适合老年人的个性化方案。未来，相关研究将就典型试点地区展开细致的案例剖析，全面整理这些地区在资源整合、平台创建、技术对接、政策引导等诸多方面的操作经验，并从中进一步提炼出具有可模仿性和推广意义的智慧康养发展道路，以此推动不同区域之间资源的改良互补以及服务协同机制的改善。尤其要注意，这些面向老年人的数字文旅服务同样应当推广到农村去，这样才能真正达到文旅融合对乡村振兴的助力效果。

参考文献

[1] 张升芳 . 乡村振兴背景下农业 PPP 模式的国际经验研究：基于要素禀赋视角的双案例比较分析 [J]. 中国物价，2024（9）：39–44.

[2] 王金阳，陈琳，蹇梦婷 . 乡村振兴背景下农村基础设施建设存在的问题及对策探析 [J]. 现代农村科技，2024（2）：152–154.

[3] 陈继培，朱勇 . 基于 GIS 的乡村治理数字化平台的设计与实现 [J]. 地矿测绘，2023，39（1）：33–36.

[4] 周宏杰，胡永铨 . 乡村旅游数字化升级研究 [J]. 合作经济与科技，2023（5）：60–62.

[5] 余正勇 . 新质生产力驱动乡村旅游高质量发展的路径研究 [J]. 河南科技学院学报，2024，44（5）：40–47.

[6] 郑雨杭 . 探秘乡村旅游发展模式 [J]. 云端，2025（8）：104–106.

[7] 潘钕 . 高质量发展需求下的乡村文化和旅游融合探究 [J]. 农村经济与科技，2021，32（14）：77–79.

[8] 潘昊，吴振方 . 唤醒与引导：乡村文旅融合赋能乡村文化振兴 [J]. 当代县域经济，2025（5）：62–65.

[9] 翟燕霞，石培华 . 文旅融合政策结构体系、演进规律及话语生成机制：基于 1993—2024 年政策文本的扎根分析 [J]. 云南民族大学学报（哲学社会科学版），2024，41（5）：45–53.

[10] 耿卓，王洪广 . 乡村振兴促进法实施机制的理论重述与制度表达 [J]. 学习与探索，2024（5）：60–69.

[11] 颜双波，田晓娟 . 中国式现代化背景下文化推动乡村振兴内生发展研究 [J]. 智慧农业导刊，2025，5（4）：181–184.

[12] 耿满国，张伟，唐相龙，等 . 中国乡村旅游地的空间分布特征及影响因素 [J]. 世界地理研究，2024，33（2）：151–163.

[13] 翁钢民，盛开，潘越 . 国内乡村旅游地空间分异特征及形成机理：基于全国 1000 个乡村旅游重点村 [J]. 地理与地理信息科学，2021，37（4）：99–105，136.

[14] 张碧云，陈虹，冯佳森 . 浙江乌镇民宿文化产业创新发展研究 [J]. 浙江工业大学学报（社会科学版），2022，21（3）：350–355.

[15] 谢会强，赵颖，雷一鸣 . 数字乡村建设对农旅融合发展的影响及作用机制研究 [J]. 农业现代化研究，2025，46（1）：131–140.

[16] 杨立国，宁旺芬 . 共生视角下古镇文旅融合的演化过程与机制：以阳朔镇为例 [J]. 资源开发与市场，2024，40（5）：770–779.

[17] 祁艳 . 历史古镇保护与规划研究 [D]. 南京：东南大学，2005.

[18] 李卓 . 农村集体经济发展促进农民共同富裕的实现机制研究：陕西省袁家村的经验 [J]. 中国农业大学学报（社会科学版），2024，41（1）：80–91.

[19] 汪瑞霞 . 空间记忆与情境重构 [D]. 南京：南京艺术学院，2020.

[20] 刘艳，叶仕安，张弘智 . 乡村振兴背景下山地农旅融合模式探讨：以贵州省高坡乡为例 [J]. 农村经济与科技，2023，34（14）：125–127.

[21] 叶菡，缪关永 ."千万工程"经验赋能山区县特色发展的路径研究：基于 SCP 分析框架 [J]. 中共云南省委党校学报，2024，25（6）：117–127.

[22] 张伍军 . 徐州市铜山区推进特色小镇建设研究 [D]. 徐州：中国矿业大学，2022.

[23] 周旺，周红珍，吴砾星 . 农旅融合发展的"梅田湖实践"[N]. 农民日报，2022–04–11（002）.

[24] 杨柳 . 田园综合体理论探索及发展实践 [J]. 中外建筑，2017（6）：128–131.

[25] 王子奇，黄保华，金宝涛 . 关于田园综合体建设的实践与思考：以武汉市新洲区仓埠街田园综合体建设为例 [J]. 武汉社会科学，2023（1）：70–76.

[26] 覃信会 . 传统村落保护与发展现状、问题及对策研究：以肇兴侗寨为例 [J]. 新西部，2024（11）：142–144.

[27] 申晓娟 . 文旅融合视域下的公共文化服务标准化 [J]. 图书馆建设，2023（2）：18–29.

[28] 龙井然，杜姗姗，张景秋 . 文旅融合导向下的乡村振兴发展机制与模式 [J]. 经济地理，2021，41（7）：222–230.

[29] 王诗超 . 传统村落人居环境使用后评价研究 [D]. 杭州：浙江理工大学，2021.

[30] 白长虹 . 文旅融合背景下的行业人才培养：实践需求与理论议题 [J]. 人民论坛 • 学术前沿，2019（11）：36–42.

[31] 洪江，周道华 . 文旅融合背景下的智慧景区标准化建设探讨 [J]. 信息技术与标准化，2019（8）：56–60.

[32] 吴江，陈坤祥，陈浩东 . 数商兴农背景下数智赋能乡村农商文旅融合的逻辑与路径 [J]. 武汉大学学报（哲学社会科学版），2023，76（4）：116–127.

[33] 杨琴 . 乡村旅游业高质量发展研究 [D]. 湘潭：湖南科技大学，2020.

[34] 贾善刚．金农工程与农业信息化 [J]. 农业信息探索，2000（1）：5–10.

[35] 康春鹏 .2021 全国县域农业农村信息化发展水平评价报告 [M]. 北京：中国农业出版社，2022.

[36] 戴斌．文旅融合时代：大数据、商业化与美好生活 [J]. 人民论坛 • 学术前沿，2019（11）：6–15.

[37] 张晓林．乡村振兴战略下的农村物流发展路径研究 [J]. 当代经济管理，2019，41（4）：46–51.

[38] 刘洋，肖远平．数字文旅产业的逻辑与转型：来自贵州的经验与启示 [J]. 理论月刊，2020（4）：104–110.

[39] 刘彦随．中国新时代城乡融合与乡村振兴 [J]. 地理学报，2018，73（4）：637–650.

[40] 胡静．旅游语境下的乡村重构 [J]. 旅游学刊，2018，33（7）：1–3.

[41] 翁伯琦，仇秀丽，张艳芳．乡村旅游发展与生态文化传承的若干思考及其对策研究 [J]. 中共福建省委党校学报，2016（5）：88–95.

[42] 毛显强，钟瑜，张胜．生态补偿的理论探讨 [J]. 中国人口 • 资源与环境，2002（4）：40–43.

[43] [清] 郭庆藩．新编诸子集成：庄子集释 [M]. 北京：中华书局，2012.

[44] 鲁长安，梁燕．中国共产党绿色发展理念演进的三重逻辑 [J]. 湖南第一师范学院学报，2023，23（3）：39–45.

[45] 王继庆．我国乡村旅游可持续发展问题研究 [D]. 哈尔滨：东北林业大学，2007.

[46] 张建萍．生态旅游理论与实践 [M]. 北京：中国旅游出版社，2001.

[47] 张菡耘．乡村振兴背景下农村生态环境协同治理研究 [D]. 南充：西华师范大学，2020.

[48] 2023 年农民工监测调查报告 [N]. 中国信息报，2024–05–06（002）.

[49] 郭婷婷，吴洋，颜莘．文旅融合高质量发展困境与出路 [J]. 合作经济与科技，2022（10）：16–17.

[50] 李国新，李阳．文化和旅游公共服务融合发展的思考 [J]. 图书馆杂志，2019，38（10）：29–33.

[51] 周大鸣，刘重麟．乡村人才振兴与能人返乡创业：以湖南省攸县渌田镇为中心的研究 [J]. 中国农业大学学报（社会科学版），2023，40（3）：152–169.

[52] 赵嫚，王如忠．中国文化产业和旅游产业融合发展动力机制与发展评价 [J]. 生态经济，2022，38（2）：121–129.

[53] 王琪延，杜治仙 . 中国乡村文旅发展与乡村振兴耦合协调研究 [J]. 企业经济，2025，44（1）：57–67.

[54] 计彬颖 . 数字化背景下传统江南古镇突破同质化困境的思路研究：以南浔古镇为例 [J]. 建筑与文化，2024（4）：84–86.

[55] 万晶 . 陕甘茶马古道康县段历史文化廊道构建研究 [D]. 西安：西安建筑科技大学，2020.

[56] 古倩云 . 乡村文旅融合发展助推乡村振兴的现实困境及优化路径：以河南省洛阳市新安县为例 [J]. 山西农经，2024（24）：58–60.

[57] 李丹，苏建军 . 西部地区 A 级景区空间分布特征及影响因素研究 [J]. 旅游研究，2023，15（3）：69–83.

[58] 张艺博 . 文旅融合视角下陕北乡村旅游品牌形象构建研究 [D]. 西安：陕西科技大学，2021.

[59] 侯志茹，岳世聪 . 乡村振兴背景下西藏地区文旅融合发展模式探究 [J]. 西藏大学学报（社会科学版），2020，35（3）：161–167.

[60] 侯兵，杨君，余凤龙 . 面向高质量发展的文化和旅游深度融合：内涵、动因与机制 [J]. 商业经济与管理，2020（10）：86–96.

[61] 甫力伟西 • 塔林图雅 . 数字经济助推文旅产业融合的策略与建议研究：以西部地区为例 [J]. 旅游与摄影，2024（21）：19–21.

[62] 张朝枝，朱敏敏 . 文化和旅游融合：多层次关系内涵、挑战与践行路径 [J]. 旅游学刊，2020，35（3）：62–71.

[63] 范赟，刘俊 . 银发经济背景下老年旅游产业高质量发展路径研究 [J]. 对外经贸，2025（1）：110–114.

[64] 谭腾飞 . 新质生产力：改变文化产业发展的时代命题 [J]. 中国传媒科技，2024（11）：41–44.

[65] 刘少宝，田起香 . 新发展阶段文化产业发展研究 [J]. 辽宁工程技术大学学报（社会科学版），2024，26（5）：349–355.

[66] 扬 • 阿斯曼 . 文化记忆：早期高级文化中的文字、回忆和政治身份 [M]. 金寿福，黄晓晨，译 . 北京：北京大学出版社，2015.

[67] 张美琳 . 文旅融合视域下非遗的数字化生态重构与路径创新探索 [J]. 旅游与摄影，2024（6）：74–76.

[68] 徐岸峰 . 基于网络平台的智慧旅游服务模式研究 [D]. 哈尔滨 ：哈尔滨理工大学，2019.

[69] 谢朝武，朱海，章坤 . 中国文化和旅游产业高质量融合发展的适配关系与政策启示 [J]. 自然资源学报，2025，40（4）：1084–1106.

[70] 齐心，陈珏颖，刘合光 . 以新发展理念推进城乡融合发展 ：逻辑与路径 [J]. 经济社会体制比较，2023（2）：14–23.

[71] 毕绪龙 . 从人才培养角度看文化和旅游的关系 [J]. 旅游学刊，2019，34（4）：9–10.

[72] 何璇 . 文旅融合与乡村振兴衔接问题研究 [J]. 中国行政管理，2021（5）：155–157.

[73] 邬江 . 数字化视域下文旅融合推动智慧旅游创新研究 [J]. 经济问题，2022（5）：75–81.

[74] 刘英基，邹秉坤，韩元军，等 . 数字经济赋能文旅融合高质量发展 ：机理、渠道与经验证据 [J]. 旅游学刊，2023，38（5）：28–41.

[75] 于光远 . 旅游与文化 [J]. 瞭望周刊，1986（14）：35–36.

[76] 白智龙 . 近五年我国文旅融合研究述评 [J]. 产业创新研究，2025（4）：137–139.

[77] 李任 . 深度融合与协同发展:文旅融合的理论逻辑与实践路径 [J]. 理论月刊，2022(1): 88–96.

[78] 马勇，童昀 . 从区域到场域:文化和旅游关系的再认识 [J]. 旅游学刊，2019，34(4):7–9.

[79] 张军 . 乡村价值定位与乡村振兴 [J]. 中国农村经济，2018（1）：2–10.

[80] 廖彩荣，陈美球 . 乡村振兴战略的理论逻辑、科学内涵与实现路径 [J]. 农林经济管理学报，2017，16（6）：795–802.

[81] 夏琳，刘亚丽 . 文旅融合背景下乡村非遗文创产品在地化设计策略 [J]. 设计，2023，36（11）：69–71.

[82] 尹祥佳，程子暄，黄炳旭 . 乡村文旅融合发展的文化解释与共生实践进路 [J]. 兰州职业技术学院学报，2025，41（1）：92–96.

[83] 李明 . 文旅融合背景下行业人才需求与培养体系构建 [J]. 科学大众（科学教育），2019（10）：94，159.

[84] 吴理财，解胜利 . 文化治理视角下的乡村文化振兴 ：价值耦合与体系建构 [J]. 华中农业大学学报（社会科学版），2019（1）：16–23.

[85] 胡映兰 . 论乡土文化的变迁 [J]. 中国社会科学院研究生院学报，2013（6）：94–101.

[86] 王兆峰，王金伟，王梓瑛，等 . 中国式现代化视域下旅游业高质量发展 ：理论内涵与科学议题 [J]. 旅游导刊，2023，7（1）：1–18.

[87] 续方凡 . 乡村振兴背景下多元主体参与文旅综合体发展研究 [D]. 上海 ：上海财经大

学，2023.

[88] 黄永林 . 文旅融合发展的文化阐释与旅游实践 [J]. 人民论坛 • 学术前沿，2019（11）：16–23.

[89] 宋道雷，林越 . 乡村振兴中多元主体协作的网络治理研究：以闽东 P 县文旅产业发展为例 [J]. 中南大学学报（社会科学版），2024，30（2）：157–170.

[90] 钟华美 . 文旅融合背景下乡村旅游产业融合发展理论分析 [J]. 资源开发与市场，2020，36（4）：421–426.

[91] 宋佳蕊 . 文旅探访节目的叙事研究 [D]. 武汉：武汉纺织大学，2024.

[92] 周立，赵月枝，贺照田，等 . "在乡村发现中国" 跨学科调研行知录（2023）[J]. 山西农业大学学报（社会科学版），2024，23（3）：1–31.

[93] 孙国霞，赵岚 . 应用型本科高校 "产学研赛创五位一体" 人才培养模式研究 [J]. 中国高校科技，2023（12）：60–64.

[94] 傅才武，程玉梅 . 文旅融合在乡村振兴中的作用机制与政策路径：一个宏观框架 [J]. 华中师范大学学报（人文社会科学版），2021，60（6）：69–77.

[95] 何颖，王晖 . 推进文旅康养产业与银发经济高质量发展对策研究 [J]. 新西部，2024(4)：99–103.